formação sem forma

CAMINHOS PARA O FIM DESTE MUNDO

Sandra Ruiz &
Hypatia Vourloumis

6 Prefácio

16 *Momentum*

35 Enxame

48 Vibração

64 Conjunto

79 Orquestrar

98 Dimensão

112 Adição

131 Magia

146 Respiração

PREFÁCIO

Ser sem forma: por uma nova gramática estético-política

Cian Barbosa e Rodrigo Gonsalves

Formação sem forma: caminhos para o fim deste mundo é um livro que não apenas se *apresenta* pela primeira vez ao público brasileiro (e não são todas as obras que podem se apresentar), mas é, em si mesmo, uma *apresentação*. Fruto do encontro entre inspirações estéticas, de autoras que possuem trajetórias nos estudos de performance, tracejando reverberações simbólicas que se encontram na interseção entre o fazer político e o artístico, Hypatia Vourloumis e Sandra Ruiz nos convidam à leitura como uma experiência de realização aberta, proposta estético-política presente no próprio livro. Em certa medida, a partir de si mesmo, o livro realiza o que propõe: já que é uma forma de apresentação da formação sem forma, ele mesmo se mostra enquanto tal. Trata-se de uma realização aberta que não se encerra, não se isola, não pretende se resumir em si mesma, especialmente quando nos encontramos em um limiar planetário, que inscreve sua dimensão apocalíptica de maneira radical. Assim, ser sem forma significa "estar aberto a opções, e estar aberto à opção de um futuro do futuro mesmo se, e especialmente quando não pudermos ver além do fim deste mundo" (p. 26).

A maneira pela qual a palavra *formless* articula seu sentido — no inglês em geral, obviamente, mas em especial nesta obra — pelo sufixo *-less* (indicando a ausência ou certa negatividade), torna-se um tipo de meio pelo qual algo é. Inversamente, essa mesma negatividade, quando afirmada, se torna positiva: *to be formless*, ser sem forma, pode também ressoar com outros termos, tais como ser *informe* ou ser *amorfo*, transformando-se assim em uma noção (des)orientante que visa nos indicar formas de navegar por mares antes não navegáveis, conceber — ou imaginar — espaços e tempos fora dos que nos são conhecidos e nos quais nos encontramos presos e habituados. A profundidade teórica da "formação sem forma" procura dar relevo e estofo crítico para uma problematização da ação política em termos estético-políticos.

Originalmente descritas como *vignettes* (vinhetas), encontramos essas partes — apresentadas como capítulos deste livro — dispostas em nove caminhos (ou passagens) que buscam, por meio de diferentes dimensionalidades, abarcar e tangenciar elementos do porvir que já se encontram no agora. Deparamo-nos então com o seguinte sumário: *Momentum, Enxame, Vibração, Conjunto, Orquestrar, Dimensão, Adição, Mágica* e *Respiração*. Essas nove vinhetas, como chamam as autoras, são caminhos, como em alguns momentos escolhemos traduzir, partes do vocabulário corrente da obra. Aqui é preciso habituar-se: encontramo-nos com escolhas únicas, peculiares e pensadas. A obra se mostra como uma tentativa de resposta para o impasse estético-político do nosso tempo, e essa resposta tem sua própria gramática. Uma gramática para combater a impossibilidade do futuro.

O presente, interditado pela mencionada falta de futuro, torna-se o obstáculo a ser superado, uma vez que está atrelado aos mecanismos coloniais do capital. As autoras apostam na criação de uma espécie de mapa experimental que é, ao mesmo tempo, o próprio território — incompleto, aberto, amorfo — e, por isso mesmo, implicado no próprio problema, dado que "há essa contradição porque você está tentando escrever o desaparecimento ao mesmo tempo em que há um campo, uma topografia, formas e feixes sobre os quais se escreve que são formados por essas bordas em movimento", como afirma Hypatia em entrevista a Stefano Harney e Fred Moten[1].

Essa contradição é central em todo o desenvolvimento do livro. Poderíamos discorrer sobre a impossibilidade de lidar com ela, mas o livro é uma exposição sobre a capacidade de fragmentação que a linguagem torna possível: pensar uma forma de decompor a criação, de modo que ela possa ser concebida *sem* forma. Esse desafio é uma maneira de convocar o impossível — condição para algo, de fato, acontecer.

Assim, valendo-se da ideia de *mundos-de-vida-estética* que "se movem por meio das manifestações culturais informadas pela vida minoritária", as autoras procuram ressoar as experiências sensoriais que existem fora dos circuitos padrões, compreendendo o campo da própria estética como algo que "viaja com e da prática visual para incluir as particularidades do som, do tato, do paladar, do olfato e de todas as capacidades sensoriais do corpo. A estética também desafia normas representacionais transparentes de diferença, tanto na forma quanto no conteúdo" (p. 29).

Sendo assim, a escrita nos guia mediante diversos *mundos-de-vida-estética*.

Ao utilizar e apresentar materiais de diferentes áreas, o livro é tanto um projeto experimental de execução do que é proposto em seu texto quanto um passeio – ou uma revolta – por meio de diversas referências que organizam exemplos e se apresentam como ensinamentos práticos da proposta estético-política elaborada pelas autoras. Surgindo ao lado das lutas negras, indígenas, feministas, ecológicas e *queer*, promove uma polifonia de múltiplas obras, mídias, artistas e

---

[1] https://www.e-flux.com/journal/121/423318/resonances-a-conversation-on-formless-formation/

movimentos que se encontram formando *enxames*. Em uma escrita forjada na estética de resistências e rebeliões contra as normatividades coloniais capitalistas, a busca incessante torna-se o próprio processo de fomentar práticas estéticas emergentes.

Uma das principais analogias imagéticas que as autoras nos apresentam, uma manifestação pictórica da formação sem forma, é o murmúrio dos estorninhos: uma nuvem viva de pássaros que assume diversas manifestações disformes, em uma ondulação constante de sincronia amorfa entre indivíduos e bando. Um balanço agonístico entre as partes do enxame e a antitotalidade manifesta na "desorganização organizada" da revoada. Um murmurar coletivo que expressa o que é chamado por elas de solidariedade inerente e que compõe o conjunto. A formação sem forma se expressa como dinamismo palpável, tocante.

A revoada dos estorninhos murmurantes é a expressão do bando, do voo e do grupo, ressoando na natureza aquilo que é amorfo (ou informe) de maneira emblemática em termos imagéticos. No entanto, tão importante quanto a imagem são seus registros sonoros: a música e o som revelam-se como dimensões aptas a teorizar o fazer estético-político, uma vez que o informe, amorfo ou antiforma também é uma oposição, uma tensão ou um antagonismo com e contra a forma e a formatação.

Esse antagonismo, essa tensão, se insurge também como ruído, *glitch* ou vazamento. Assim, escutar e ser ouvido transformam-se em um processo relacional de fazer estético que rompe com a linearidade do som e da narrativa, engendrando incorporações que exprimem uma proposta estético-política: "especialmente porque os sons oscilam e reverberam, não se pode seguir o som linearmente" (p. 51). A dança, então, revela-se enquanto expressão daquilo que o próprio dançar ouve e, assim, é ouvido, faz-se ouvir. A revoada dos estorninhos constitui o movimento de uma coreografia incorporada para a orquestração presente de uma musicalidade que ainda espera para ser — enquanto sempre já é — ouvida. A formação sem forma está relacionada ao que pode ser e também àquilo que já existe – as vibrações já presentes de um outro mundo –, mas que ainda não se realiza.

Em grande medida, o esforço de Sandra e Hypatia é também o de nos convocar para a artesania presente nas concatenações das palavras em suas existências singulares, na medida em que buscam sintonizar uma escuta coletiva. Talvez possamos pensar neste livro como um antitratado, já que se coloca no avesso do que um tratado seria, expondo um tratamento informe que usa das formas, ou dos *frames*, para acessar aquilo que *vazou* da forma. O vazamento que há no *frame*, aquilo que está para além da sua fronteira e tem o potencial de se tornar sem bordas, sem limites.

Vourloumis e Ruiz trazem à tona a necessidade emergencial de uma outra gramática estético-política, uma que tenha condições de intervir sobre as nossas sensibilidades, atravessando as barreiras do imobilismo diante do capitalismo contemporâneo. As vinhetas propostas pelas autoras é parte da necessidade radical de apresentações que façam frente ao embrutecimento subjetivo, político e coletivo gerado pelas condições de dominação. Ou então, a busca das autoras, página por página, por novas terminologias, por novas coordenadas simbólicas/conceituais presentes em suas vinhetas, faz-se justamente por localizarem não um esgotamento dos conceitos dados ou presentes nas discussões de outros autores, e sim por compreenderem um fundamental e necessário deslocamento contra algo que hoje nos captura de maneira global: o neoliberalismo.

O esforço do pensamento original das autoras estabelece que, para fazer frente à narrativa globalizada dos apelos neoliberais, com todo o seu moralismo travestido de economia política, é necessária uma introdução ao campo do pensamento com novos termos que apelem às nossas sensibilidades, deslocando-as do lugar-comum típico do próprio campo filosófico e crítico. Há um esforço de pensamento crítico em fazer com que o fim deste mundo — o cancelamento do futuro, como está estipulado pelo neoliberalismo — se torne a mobilização fundamental das sensibilidades estético-políticas em nome de um porvir que extravase as condições de possibilidade dadas pela realidade posta.

Entretanto, não é o caso de um esforço subjetivo ou de uma busca imanente dos sujeitos: as mobilizações defendidas pelas autoras referem-se à subjetivação por meio da coletividade. Dizendo de outro modo, os apelos críticos de Vourloumis e Ruiz são por uma composição política de coletividade em revoada, que nos obriga a repensar nossa usual aproximação e compreensão das organizações coletivas conforme as entendemos hoje. A formação sem forma que as autoras defendem busca radicalizar a compreensão coletiva entre formas e formalizações estipuladas pelo engessamento e pela cristalização da dominação imperialista do capitalismo contemporâneo. Instigam-nos ao propor uma coletividade que se ordena no processo de ordenação, prezando pela singularidade de seus membros e pelas formações sociais sem relevar suas disposições dissonantes, reverberando composições coletivas jamais ouvidas até então. A formação sem forma aposta no engajamento que desacelera e unifica as vibrações, permitindo encontros entre as pessoas contra o ritmo acelerado que atualmente nos aprisiona.

O desafio de resgatar a sensibilidade das pessoas embrutecidas pelo neoliberalismo não é necessariamente uma causa inédita; pelo contrário, parece ser uma frente que une diversos pensadores dos mais díspares espectros do pensamento crítico. No entanto, a maneira atenta das autoras de lidar com o problema da organização diante da multiplicidade e da pulverização das frentes de luta por emancipação faz a perspectiva de ambas se encontrar de maneira crucial com nossos impasses atuais. Em momento algum as autoras reduzem ou simplificam a complexidade do contexto devastado pelos avanços neoliberais. De fato, a força da criatividade de suas propostas está na formação sem forma como uma alternativa ao universalismo abstrato que surge como resposta do pensamento à coexistência dos particularismos. Compreende-se que adicionar quer dizer mais que somar, ou seja, que ao adicionar aquilo que é compartilhado entre nossas vidas, obrigamo-nos a organizar nossa maneira de estar em conjunto com base em outra matemática. Obriga-nos a fazer outras contas para traduzir o que há de emancipatório nessa organização coletiva de uma formação sem forma.

Outra raiz do pensamento crítico de Vourloumis e Ruiz está no hacktivismo algorítmico, nas conversas transnacionais, nas alianças e na composição que une tais frentes de ação, mobilizando os desencontros daquilo que hoje está presente na composição da realidade e daquilo que é usado por ela, tensionando a equivocidade dos usos de dados em nome de condições impossíveis, inéditas e radicais diante da realidade neoliberal. A recusa da utilização das narrativas, da linguagem, da sonoridade, das ferramentas e das construções sob os termos do dominador é o argumento central das autoras, que apostam em uma insurreição contra os regimes de controle e dominação, a exemplo da defesa do uso *queer* que radicaliza as composições normativas, que vislumbra mapas estéticos cognitivos e que compõe com e por meio da diferença radical, sem diminuí-la ou instrumentalizá-la. A orquestra que compõe, advinda da diferença radical, forma ao formar; no entanto, tal é feito sem uma forma dada ou pré-determinada, núcleo do projeto central do pensamento expresso nesta obra.

Quando as autoras resgatam a condição de possibilidade da reintrodução do mágico na realidade, não se trata de "fetichizá-la", mas de oferecer uma alternativa ao fetiche presente sob os termos neoliberais, mágica viciada do capitalismo e suas acelerações. São composições que resgatam outras temporalidades e outras coletividades, por invocarem outras maneiras de estarmos na realidade e de ocuparmos nossas posições diante das imposições que calcificam nossos afetos.

Desse modo, as autoras produzem uma experiência teórica que se aproxima da performance em termos de, como dizíamos no começo, *apresentação*. Trata-se, enfim, da apresentação (teórica e artística) de uma gramática para pensar a estética frente às questões políticas do nosso tempo. Todavia, essa apresentação tem (e precisa ter, como nos mostram as autoras) o objetivo de promover uma experiência *com* e *através* da forma, *mas que dela prescinde*. Esse é todo o *locus* do problema, do movimento, das escolhas e da experiência por trás deste livro: uma tensão fundamental, que move o pensamento e a ação política, que questiona a própria práxis desde a sua origem, ou seja, que questiona a relação entre emancipação e forma, entre forma e ser e, finalmente, entre o informe ou amorfo (*formless*) e a política.

O que pode o informe frente ao que é? E o que pode vir a ser o amorfo? Qual é o potencial político envolvido em perseguir a não forma, aquilo que *é* sem forma? Este livro não traz a resposta para essas perguntas, mas investiga e sugere ferramentas para abrir os caminhos que nos são apresentados por elas. Há um panorama crítico que desaloja as nomenclaturas do pensamento que leitores, estudiosos e acadêmicos estão acostumados a encontrar, dizendo respeito a uma problemática ampliada com base em uma nova gramática, objetivando fazer frente, de modo incisivo, à nossa própria maneira contemporânea de pensar e criticar o neoliberalismo. Ao considerar as propostas de Vourloumis e Ruiz, podemos finalmente considerar uma solidariedade não pautada nos valores impostos por derivações eurocêntricas e cristãs, antes tendo em vista uma solidariedade que se faz e se desfaz em seu processo, uma solidariedade que ensina a autonomia dessa prática ao exercê-la nos esforços da formação sem forma. Que o potencial leitor se prepare para a viagem que encontrará nas páginas seguintes, que respire, tome fôlego e se junte ao enxame que percorre esses caminhos.

Momentum

Na canção *Soldier of love*, Sade canta sobre como, no sertão da devoção, realiza o possível para sobreviver ao "oeste selvagem"[2]. Ao seguir o alcance melancólico de uma trompa nas "fronteiras da fé"[3], *Soldier of love* entra em cena, movendo-se de um tilintar esparso ao peso de uma caixa, um baixo pesado fora do ritmo, cortado por ruidosos tambores. Música e vídeo se desenrolam, seus guinchos sinistros e contratempos perturbam ordens coreográficas e sônicas militarizadas. O chamado às armas de Sade, a luta para sobreviver, para se manter vivo no oeste selvagem, é ouvir o som. Dançar uma formação diferente com outros soldados: "Eu sou o soldado do amor! Aguardo o som"[4], é o que entoa.

---

[2] Em 28 de março de 2019, no Museu Stedelijk, em Amsterdã, Holanda, e em nome da conferência de 4 dias do *Studium Generale Rietveld Academie, Take a Walk on the Wild Side: Fabulating Alternative Imaginaries in Art & Life*, que incluiu dias com curadoria de Kunstverein, Daniela K. Rosner e Tavia Nyong'o, ambas participamos do dia da conferência *Excess Swarm (Wild in the Wild)*. Nesse dia, Vourloumis convidou estudiosos e artistas a pensar a ideia de ressonância como teoria e prática da estética e da política. Participaram do evento Nwando Ebizie, Gayatri Gopinath, Malak Helmy & Janine Armin, Rukeya (Monsur) Mansoor, Amber Musser, Jackie Wang e Sandra Ruiz (descrição do evento aqui: <https://www.stedelijk.nl/en/events/hypatia-vourloumis>). As palavras de abertura do evento podem ser encontradas em: <https://www.youtube.com/watch?v=gQvcGVhJ334>. Agradecemos a Jorinde Seijdel por nos convidar a participar e compartilhar nosso trabalho uns com os outros. Após esse dia de conferência, no ímpeto de uma ressonância compartilhada, unimos energias e ideias, e colaboramos na coautoria deste livro. Sophie Muller dir., *Soldado do amor*, perf. Sade, RCA Records, Nova York, 2010.

[3] SADE, *Soldier of love*, RCA Records, 2010.

[4] SADE, *Soldier of love*.

Em uma cena de outro espaço e tempo, Flawless Sabrina está no bar do clube *Silver Platter* de Los Angeles, uma referência existente há décadas para a comunidade de imigrantes gays, *queer* e trans da América Latina. Lá em cima, no bar, Flawless Sabrina celebra, em um grito, as maneiras pelas quais "o punho ainda está levantado!"[5]. Esse apelo insistente do filme *Wildness*, de Wu Tsang, de 2012, tem eco na postura coletiva e na cena dos punhos cerrados erguidos e cabeças inclinadas que encerram o videoclipe de Sade de 2010.

Enquanto escrevemos isso, rebeliões abolicionistas antifascistas e antirracistas nos EUA, em 2020, estão desencadeando uma proliferação de dissidência coordenada. Em meio a uma pandemia, milhares e milhares de manifestantes mascarados tomam as ruas de cidades, Estados, países. Sinais coletivos e singulares, canções, arte de rua, dança, patinação, cânticos, tombamento, voguing e gritos acompanham punhos erguidos em todo o mundo, gesticulados por uma vasta gama de soldados leais.

Ao ensaiar essas cenas, o mundo-de-vida-estética (emaranhado inerente à estética e à política) apresenta composições sociais sobrenaturais. Esses são os estágios próprios do cotidiano, uma vez que o cotidiano é sempre encenado.

Pequenas performances estéticas encenam convergências e divergências casuais por meio de formações sem forma, que renunciam à ideia de que se cumpre uma promessa revolucionária ao substituir uma estrutura de poder por outra. Ao passar da reforma para a abolição total, enxames sociais ingovernáveis recusam-se a serem representados em nome de qualquer outra coisa que não seja a insurreição libertadora.

---

[5] TSANG, Wu. dir., *Wildness*, Class Productions, 2012.

Ao abandonar sua própria legitimidade, a formação sem forma é a reunião de nossas obrigações uns para com os outros. E se nosso moderno sistema capitalista mundial experimentasse seu próprio fim imposto por uma nova (des)ordem social, motivada por aqueles que formam uma afinidade contra a catástrofe? E se nosso ímpeto coletivo ultrapassasse o confinamento espaço-temporal e galvanizasse a revolução por meio de diferenças sobrepostas? Todas as estruturas têm o potencial de serem revogadas e verem suspensos seus preceitos organizadores.

Transformam a forma em algo que fazemos, não em algo que devemos seguir.

Nossa proposta em *Formação sem forma*, que devemos seguir, é composta por uma série de vinhetas sem fronteiras, escritas para o fim deste mundo. Cada vinheta está com outra, oferecendo uma abertura para uma voz menor ressoar de outra maneira. Narrativas, relatos curtos e sugestivos, imagens em miniatura, retratos que se desvanecem na *mise-en-scène*, as vinhetas rejeitam a solidez da moldura. Particularmente atraídas pela segunda definição, em sua evocação do *fade*, nossa formação sem forma ecoa visualmente a ressonância auditiva não limitada pelo tempo, perspectiva e percepção.

Em seu movimento crescente, como ondas subindo e descendo, formas mudam, algumas visivelmente e outras imperceptivelmente; enquanto você lê, seus olhos se movem: esse inexorável movimento visual e táctil é o que cria a própria legibilidade. Há formas percebidas nessas vinhetas, formas materiais no espaçamento das palavras, nas sintaxes, nos silêncios e na articulação das imagens e dos versos. Pensar a forma como informe não significa enfatizar a falta de forma, mas liberá-la da estrutura determinística, atender ao momento da forma e sua inseparabilidade de outras configurações.

O sem forma ocorre no entre-meio, nas sobreposições por meio do pulso e das dissipações da comunicação, composições de partes infinitas e padrões persistentes em assonância, dissonância e ressonância.

Possível apenas mediante lacunas e encontros, a ressonância é localizada nos espaços que percorre, ocupa e cria entre encontros fortuitos. A transdisciplinaridade inerente à ressonância quebra os limites dos sujeitos e dos objetos individuais, bem como as noções fixas de tempo e espaço. E faz isso de forma prática e material, assim como metafórica, teórica e mágica.

A ressonância é a frequência em decibéis da amplitude (des)harmônica.

Amplitudes de ressonância são descritas por físicos teóricos como flutuações de vibração multidimensionais. Trabalhando na teoria das cordas (na qual dimensões dentro de dimensões coexistem simultaneamente em muitos universos), Michio Kaku sugere que cada universo pode ser pensado como uma bolha que salta, se divide e, consequentemente, cria um tipo de musicalidade. Cada "membrana da bolha é uma partícula subatômica"[6], representando uma nota em uma corda vibrante. Essa música cósmica encontra ressonância em um "hiperespaço de onze dimensões"[7], reverberando através do multiverso dos universos. Somos capazes de perceber algumas dessas dimensões, enquanto outras são conhecidas apenas matematicamente. Flutuando sobre e ao nosso redor, fermentando abaixo e dentro de nós, as multidimensões

---

[6] KAKU, Michio. *The universe is a symphony of vibrating strings*, Big Think, 31 de maio de 2011, <https://youtu.be/fW6JFKg bF4>.

[7] KAKU, Michio. *The multiverse has 11 dimensions*, Big Think, 31 de maio de 2011, <https://youtu.be/jI50HN0Kshg>.

são possibilidades para novas ordens mundiais. Nossas vinhetas são multiversos, pairando mesmo quando não podemos ver a centelha residual e a fumaça do fogo atômico de toda a matéria existente. A ressonância multiversal se retransmite em conjunto e sua reverberação causa uma pluralidade de reflexos em formações dimensionais díspares. Em acústica, temos o aumento do som por reverberação quando as ondas sonoras de qualquer fonte se refletem em outras superfícies do espaço. Na física, a ressonância acontece quando um objeto vibra na mesma frequência que outro, impulsionando-o em seu movimento vibratório. Etimologicamente, a ressonância deriva do latim *resonantia*, que significa "eco", e de *resonare*, ou seja, "soar novamente" ou ressoar. E a própria palavra reverbera em outros significados e campos, como na mecânica, na cristalografia, na matemática, na micologia, perpassando a música, o ruído, as práticas cotidianas, a literatura, a astronomia, a sociologia e a química. A ressonância também é um significante para a transmissão de sentimentos, pensamentos, sentidos e memória. Movendo-se entre e além dos gêneros, mídias, disciplinas, políticas e afetos, a ressonância é tecelagem e oscilação constante. No entanto, não permite uma reunião fácil e simplista da totalidade, uma vez que geralmente é um envolvimento discrepante; seus movimentos através do tempo e do espaço são simultaneamente integradores e desintegradores. Fissura, fratura, incongruência, fragilidade – "o ranger da palavra" – são práticas que habitam a discrepância, como Nathaniel Makey escreve[8]. Engajamentos discrepantes são necessários, pois revelam que "o parentesco criativo e as linhas de afinidade, efetuados por ele, são muito

---

[8] MACKEY, Nathaniel. *Discrepant engagement*: dissonance, cross-culturality, and experimental writing, Cambridge: Cambridge University, 1993, p. 180.

mais complexos, irregulares e indissociáveis do que as pretensões totalizantes das formações canônicas tendem a reconhecer"[9]. Em vez de suprimir o ruído, os engajamentos discrepantes o reconhecem. É o "reconhecimento antifundacional do ruído fundador"[10], no qual localizamos estrondosos encontros paradoxais de pensamento, política, vida social e som discrepantes; tudo junto, tudo congruentemente incongruente.

Esses envolvimentos discrepantes também fornecem o caminho para incongruências paradoxais construídas com base na ideia antifundacional de Georges Bataille do *l'informe* (o informe), descrita em sua revista de arte surrealista *Documents*, publicada em 1929. Por meio do rangido das palavras, a revista procurou agir como uma "máquina de guerra contra ideias concebidas"[11] e como um desafio direto às hierarquias e ao *mainstreaming* da arte e do humanismo, exemplificado por artistas surrealistas da época que se tornaram empresários comerciais. A desconfiança de Bataille e a satirização da forma o levam a desmantelar o convencional, valorizando o amorfo.

A ausência de forma, aqui, transforma-se em uma série de algumas operações recalcadas do modernismo, remodelando tanto a alta quanto a baixa cultura e a oposição entre forma e conteúdo na arte[12]. Como diz Bataille, trata-se de um necessário "ataque à arquitetura"[13], ao homem, ao humanismo.

[9] MACKEY, *Discrepant engagement*, p. 3.

[10] MACKEY, *Discrepant engagement*, p. 19.

[11] ADES, Dawn; BRADLEY, Fiona. Introduction. In: *Undercover surrealism*: Georges Bataille and DOCUMENTS, eds. Ades, Bradley e Baker, Cambridge: MIT Press, 2006, p. 11.

[12] BOIS, Yve-Alain. The use value of the "formless". In: *Formless:* a user's guide, eds. Bois e Kraus. Nova York: Zone Books, 1997, p. 18.

[13] BATAILLE, Georges. Arquitetura, *Documents* n. 2, 1929, p. 117; reimpressão em *Oeuvres completes*, vol. 1, trad. Dominic Faccini, Paris: Gallimard, 1970, p. 172.

Em seu próprio contra-ataque, o autor oferece um significado expansivo para o termo informe: "Não é apenas um adjetivo com significado determinado, e sim um termo que serve para rebaixar (*déclasser*) as coisas no mundo"[14]. Ao erradicar a arquitetura da arte erudita, Bataille encontra refúgio no *underground*, visto como uma esfera para fazer arte. Ao ficar embaixo, ao estar embaixo, transfigura-se não só o sentido do adjetivo que partilha, mas as premissas fundamentais da ordem artística e social.

O informe é um projeto performativo ou, como observa Bataille, "sem forma é [...] um termo que serve para tornar *déclassé* a exigência de que cada coisa tenha sua própria forma. [...] Na verdade, para que os homens acadêmicos sejam felizes, seria necessário que o universo tomasse forma"[15]. Ainda acrescenta: "por outro lado, dizer que o universo não se parece com nada e não é mais do que algo sem forma, equivale a dizer que o universo é como uma aranha ou uma gota de saliva (*crachat*)"[16]. Ao reconhecer o potencial filosófico do nada, Bataille compara o que poderia ser visto como um vazio sem sentido a uma entidade viva, uma marca viva, uma baba viva que, em sua própria existência, oferece reflexão e cria as infinitas formas que compõem uma teia de vida. Em outras palavras, uma aranha, uma gota de saliva – atores aparentemente sem sentido – ajudam a estabelecer uma democracia esquemática de entidades, todas derrubadas no chão. Bataille iguala toda a vida por meio do nada e da totalidade da ausência de forma universal.

[14] BATAILLE, Documents 1, n. 7, 1929, p. 382; *Oeuvres completes*, vol. 1, p. 80.
[15] BATAILLE, Formless, *Documents* 1, 192, p 382; Reimpressão em *Vision of excess*: selected writings, 1927-1939. Trad. Allan Stoekl, Carl R. Lovitt e Donald M. Leslie Jr. Minneapolis: University of Minnesota, 1985, p. 31.
[16] BATAILLE, Formless, p. 382; *Vision of excess*, p. 31.

Composto por performances ressonantes multiversais, que se formam e deformam constantemente, o informe altera o conteúdo do *design* e o *design* do conteúdo. Conjunto flutuante de operações, o sem forma realiza arranjos sem fronteiras. Esses conjuntos, para nós, acontecem dentro e por meio dos *continuums* espaço-temporais da estética anticolonial, que serve para derrubar (*déclasser*) as coisas, pois o anticolonial sempre esteve à espreita por trás do imperativo categórico da própria forma traduzido em projetos violentos destinados a serem destruídos por meio de estratégias estéticas, estudos e batalhas.

Tais estudos críticos, batalhas e estratégias estéticas deliberadas também são indescritíveis sob a perspectiva da forma. Em uma entrevista para a *Transversal texts*, intitulada "Da cooperação à operação negra", Stefano Harney e Fred Moten argumentam: "O estudo não é transformacional. É uma formação deformacional, subformacional e sem forma"[17]. Isso quer dizer que a universidade pode ser sabotada, mas nunca transformada pelo estudo negro (*black study*) comum e pelos planos de fuga. O estudo, como "mecanismo de e para a sintonização"[18], não é uma crítica da informação, assim como não é uma mobilização da crítica enquanto construção de um sistema. Em vez disso, o estudo é uma operação generativa que é indolente e sem objetivo.

Muda-se da cooperação para a operação porque, como observam os autores, a cooperação muitas vezes leva a um "colapso do estar juntos"[19]. Harney e Moten pensam na operação

[17] From cooperation to black operation: a conversation with Stefano Harney and Fred Moten on the undercommons, *Transversal Texts*, abril de 2016, <https://transversal.at/blog/From-cooperation-to-black-operation>.

[18] From cooperation to black operation.

[19] From cooperation to black operation.

como uma reunião de formas sociais oscilantes. Ao criar um "mecanismo de diferença" ou "fazer o que você diz, soar como algo"[20], a operação tem ressonância na capacidade da canção e da poesia de confundir dissenso e afirmação. Essa máquina generativa soa de uma forma que a cooperação não pode soar, em sua quebra e subtração do um, ser ressonante em conjunto.

Sempre aprendizes, nossas vinhetas resistem aos cânones e às separações acadêmicas dos campos, lendo as categorizações epistêmicas como a estruturação colonial da necessidade dos departamentos universitários de moldar, comercializar e controlar a produção do conhecimento. Muitas vezes, "A forma" é uma construção colonial que eviscera as opções de multiplicidade e as formas informes de pluralidade que existem na evolução das ideias.

Assim, a ilimitação formal tem a ver com questões de método e de fazer, ao invés de questões do saber. Trata-se de desmantelar a elite epistemológica, não de sustentá-la. Como o Comitê Invisível observa em *Motim e destiuição agora*: "o que necessitamos [...] é precisamente uma criação contínua de formas. Basta percebê-las, aceitar seu surgimento, dar-lhes lugar e acompanhar sua metamorfose"[21]. Os autores anônimos exigem a destituição das instituições e enfatizam que a revolução só acontecerá mediante o encontro e a colaboração de e entre diferentes formas sociais, ou, como observam, "movimentos revolucionários não se espalham por contaminação, mas por *ressonância*"[22].

Se a vida, como observado acima, é uma constante metamorfose de formas, como podemos mudar as formas pelas

---

[20] From cooperation to black operation.
[21] COMITÊ INVISÍVEL, *Motim e destituição agora*. São Paulo: N-1, 2020.
[22] COMITÊ INVISÍVEL, *A Insurreição que vem*. São Paulo: Edições Baratas, 2013

quais operamos socialmente para permitir sua mudança ascendente e descendente? Com isso, aludimos a formas que são percebidas, de fato, por meio de suas diferenças sobrepostas. Embora pareça uma abstração, o Comitê Invisível expõe os atributos de tais formas ao acrescentar que "um hábito é uma forma. Um pensamento é uma forma. Uma amizade é uma forma. Uma obra é uma forma. Uma profissão é uma forma. Todas as coisas que vivem são apenas formas e interações de formas"[23].

São nessas "interações de formas" que vemos a acessibilidade da diferença como vital para a transformação, em que convergência e divergência se encontram e se afastam igualmente, de acordo com a batida e o ritmo a que se inclinam.

Modelando suas próprias batidas e ritmos de formas interativas diretamente inspiradas nas descobertas da física quântica, Denise Ferreira da Silva apresenta uma modernidade complexa informada pela "diferença sem separabilidade"[24]. Ao pensar em questões de diferença social e organizando, por meio das noções de não localidade e de emaranhamento da física quântica, Ferreira da Silva perturba os três "pilares ontológicos que sustentam o pensamento moderno": separabilidade, determinação e sequencialidade[25]. Em sua construção de interações elementares, o mundo é um *plenum* em que todas as formas de vida são indeterminadas, não locais e "sem espaço-tempo"[26] em seu enredamento: "Quando a não localidade guia nossa imagem do universo, a diferença

---

[23] COMITÊ INVISÍVEL, *Motim e destituição agora*.
[24] SILVA, Denise Ferreira da, *Sobre diferença sem separabilidade*. Bienal de São Paulo: Incerteza viva, 2016.
[25] SILVA, *Sobre diferença sem separabilidade*.
[26] SILVA, *Sobre diferença sem separabilidade*.

não é a manifestação de um estranhamento insolúvel, mas a expressão de um emaranhamento elementar"[27]. Esse tipo de ausência de forma multiversal e multidimensional não erradica a diferença material, pois tudo o que compõe o *plenum* mutável também é, ao mesmo tempo, singular.

Ser sem forma, então, é ser solidário. É estar aberto a opções, e estar aberto à opção de um *futuro do futuro* mesmo se, e especialmente quando não pudermos ver além do fim deste mundo. O que está em jogo, para Ferreira da Silva e para nós, é o fim do mundo como o *conhecemos*. Como a banda R.E.M. cantou em 1987, "é o fim do mundo como o conhecemos", quer dizer, "um governo de aluguel e um local de combate; saiu do oeste e veio às pressas; com as Fúrias suspirando em suas nucas"[28]. Esses saberes nunca estão separados de epistemologias que produzem gramáticas raciais, ou seja, gramáticas modernas que, simultaneamente, excluem e voltam seus olhares para as vozes minoritárias.

Como a banda, sentimo-nos bem sabendo que este mundo está chegando ao fim e vemos a *Formação sem forma* como vinhetas coletivas apontando para novas práticas planetárias de quebra de fronteiras sociais: o desfazer necessário da economia política e seus "termos de ordem"[29], como afirma Cedric Robinson; o fim deste mundo como o conhecemos, em nível global, isso se as flutuações de diferentes formas de vida sobreviverem e florescerem (pois formações sem forma trazem instantaneamente à mente os enxames de vida em todas as suas manifestações e, particularmente, as mais-que-humanas); as

[27] SILVA. *Sobre diferença sem separabilidade*.

[28] R.E.M., *It's end of the world as we know it (and I feel fine)*, Documento, I.R.S., 1987.

[29] ROBINSON, Cedric. *The terms of order*: political science and the myth of leadership. Durham: University of North Carolina, 2016.

descobertas atuais de que a maioria das existências (incluindo a nossa) possui apenas mais algumas décadas neste planeta, de acordo com estudos recentes sobre mudanças climáticas.

Embora as formações sem forma encontrem maneiras de existir fora dos termos dados da ordem política e social, tais riscos exigem uma ênfase nos *dispositivos* do mundo como o conhecemos. Os desastres naturais e as pandemias não são agendas naturais ou sobrenaturais impostas a súditos maus, ineptos e endividados, mas sintomas do capitalismo e do colonialismo. Em vez de "punir" os súditos, a Natureza está respondendo à ganância e à agressão econômica. Assim, por exemplo, apenas nos últimos dois anos, continentes inteiros, da Austrália à Ásia, da África à América Latina, estiveram em chamas, debaixo d'água ou foram invadidos por fortes ventos e erosões. Lembremo-nos dos furacões mortais de Porto Rico em 2017 e 2018, dos terremotos diários contínuos de 2019 e 2020; das repetidas e colossais inundações em Jacarta, Veneza e Bangladesh; das ilhas que desaparecem do Pacífico e do Oceano Índico; de uma Antártida de 20 graus e de um Ártico de 30 graus; da Austrália, da Amazônia e da África Equatorial que ardem em chamas genocidas.

Ao mesmo tempo, protestos e rebeliões persistem em todo o mundo, nos levantes em massa de Beirute, Hong Kong, Haiti, Chile, França, Brasil, Irã, Iraque, Canadá, Peru, Colômbia e inclusive nas principais cidades dos EUA. Não é por acaso que, de 2019 a 2020, aqueles que protestaram contra o culto à morte típica das políticas econômicas neoliberais também enfrentaram uma pandemia turbulenta ativada pelas máquinas do capital extrativo. A persistência do capitalismo traduz a resistência do lucro colonial sob a rubrica de guerras globais por recursos, sendo genocídios perpetrados em nome do lucro. Ao enfrentar a violência assombrosa de nosso cotidiano, ouvimos as palavras de Thomas Sankara, que nos lembra como "as origens da dívida vêm das origens do colonialismo. Aqueles que nos emprestam dinheiro são aqueles que nos colonizaram"[30]. Nossa formação sem forma é uma manifestação de resistência à dívida com a diferença inseparável.

No centro dessas vinhetas está a proposição essencial de que o anticapitalista é anticolonial e anti-autocondenatório. Por meio de coalizões e ressonâncias estratégicas mutáveis, que contornam as fronteiras de contenção e expulsão do Estado-nação, a formação sem forma da sociabilidade move-se para fora e por meio de todas as fronteiras que se espalham, já que "algo que é constituído aqui ressoa com a onda de choque emitida por algo constituído lá"[31]. Dessa maneira, a formação sem forma engloba uma aglomeração de múltiplas revoltas planetárias em luta.

Essas vinhetas são um desdobramento composicional em imensuráveis passagens improvisadas, sempre já praticadas e compartilhadas. Sendo sentido e prática não concedidas, a ressonância é uma operação pela qual trabalhamos e à qual chegamos juntas. E a comunicabilidade dentro e por meio da diferença de multiversos, multidimensional, é uma formação sem forma que se ilumina melhor pela *póiesis* dos mundos-de-vida-estética. Mas o que é exatamente esse mundo-de-vida-estética e como encontramos sua operação informe?

A estética não indica apenas o belo, o visual e seus efeitos, todos separados da sociabilidade e da cultura, como observa Raymond Williams, mas marca tanto a experiência

---

[30] SANKARA, Thomas. A united front against debt, *Viewpoint*, 1 fev. 2018, <https://www.viewpointmag.com/2018/02/01/united-front-debt-1987/>.

[31] COMITÊ INVISÍVEL. *A Insurreição que vem*. São Paulo: Edições Baratas, 2013.

da percepção sensorial quanto a do sentimento[32]. Ou, como sugere bell hooks: "a estética é mais do que uma filosofia ou uma teoria da arte e da beleza; é uma forma de habitar o espaço, um local particular, uma forma de olhar e de se tornar"[33]. A estética imagina e manifesta outros mundos e prazeres, sentidos íntimos e expansivos de habitar e transformar-se por meio do espaço e do tempo. Evoca e reimagina não apenas representações, gostos e juízos de beleza, mas vínculos relacionais e entrelaçados que se formam entre objetos, sujeitos, entidades, histórias e narrativas.

Ao avançar para além do domínio intelectual da elite cultural, os mundos-de-vida-estética se movem por meio de manifestações culturais informadas pela vida minoritária[34]. A estética viaja com e a partir da prática visual para incluir as particularidades do som, do tato, do paladar, do olfato e de todas as capacidades sensoriais do corpo. A estética também desafia normas representacionais transparentes de diferença, tanto na forma quanto no conteúdo. Assim como "uma insurreição não é como uma peste ou um incêndio florestal – um processo linear que se espalha de um lugar para outro após uma faísca inicial"[35], os mundos-de-vida-estética "tomam a forma de uma música, cujos pontos focais, embora dispersos no tempo e no espaço, conseguem impor os ritmos

---

[32] WILLIAMS, Raymond. *Keywords*: a vocabulary of culture and society. Oxford: Oxford University, 2014.

[33] bell hooks, An aesthetic of blackness: strange and oppositional, *Lenox Avenue: A Journal of Interarts Inquiry*, v. 1, 1995, p. 65.

[34] Queremos agradecer a Uri McMillan e Shane Vogel por seus enquadramentos teóricos e interpretações de uma estética minoritária, tanto em seu trabalho individual quanto como editores da série Minoritarian Aesthetics da editora da Universidade de Nova Iorque.

[35] COMITÊ INVISÍVEL. *A Insurreição que vem*. São Paulo: Edições Baratas, 2013.

de suas próprias vibrações [...]"[36]. Ecoando por todo o terreno, a plena vitalidade da estética nunca é removida dos mundos da luta, da abolição e do trabalho.

A estética abriga tanto detalhes singulares quanto interações de formas de vida, mundo e política, a todo dia e em todo canto. Liberadas nos mundos-de-vida-estética do ritual, da canção, da dança, da música, da literatura, da política e da poesia, todas as artes e todas as culturas vibram e compõem o *plenum* em sua própria variante, "explosão estelar selvagem de metamorfose"[37]. Assim, o enredamento do estético e do político centra-se no seu próprio emaranhado de diferenças, no qual, embora imbricados, a distinção entre ambos honra a sua lógica interna singular/plural.

Ao seguir "pistas de artistas e sonhadores, em vez de generais, políticos e outras figuras de rosto pomposo, comumente associadas às conotações mais fáceis da noção de estratégia"[38], Stephen Shukaitis aborda práticas estéticas nelas vendo implicitamente planos para a ação social cotidiana. Ao considerar as maneiras pelas quais a arte, a estética e o ativismo se informam mutuamente, ele argumenta que podemos repensar a estratégia, atendendo à conversa entre vanguardas artísticas e movimentos políticos autonomistas. Para Shukaitis, essa conversa essencial recusa a separação entre arte e vida cotidiana, bem como a cooptação da arte estratégica pelo capital e seus modos de governamentalidade. Esforçando-se para modificar o domínio "em que a estratégia ocorre como processo

---

[36] COMITÊ INVISÍVEL *A Insurreição que vem*. São Paulo: Edições Baratas, 2013.
[37] ELLISON, Ralph. *Invisible man*. Nova York: Random House, 1952, p. xxiii.
[38] SHUKAITIS, Stephen. *The compositions of movements to come*: aesthetics and cultural labour after the avant-garde. Lanham: Rowman & Littlefield, 2015, p. ix.

socializado contínuo"[39], Shukaitis retraça as estratégias estéticas que criam espaços para a organização militante ao transformá-las em formas estéticas insurrecionais, já que modos variáveis de estratégia cotidiana podem delinear "composições de movimentos do porvir"[40]. Ao mesmo tempo, as revoltas dos mundos-de-vida-estética e dos movimentos sociais de composição devem sempre, como afirma Randy Martin, atender a um tipo de política preventiva[41].

Essa preempção é múltipla e negocia maneiras pelas quais movimentos sociais e estratégias estéticas podem ser cooptados e derrotados, caso sejam completamente absorvidos ou apropriados pelo poder. Por outro lado, a política preventiva também trata de perceber os movimentos sociais, os mundos-de-vida-estética e a desobediência civil como formações integrativas e desintegrativas sem forma e, assim, antecipar sua calcificação e captura interna. Essa "tidalética"[42] ondulante[43], para tomar um termo emprestado da poesia de Kamau Brathwaite, dirige nossos sentimentos não por meio do mero terror, mas mediante promessas do vai-e-vém da estética, com todas as imaginações transbordando contra a limitação da própria liberdade.

---

[39] SHUKAITIS, *The compositions of movements to come*.

[40] SHUKAITIS, *The compositions of movements to come*.

[41] MARTIN, Randy. *The politics of preemption*. Greg Elmer dir., Art & Education, out. 2019, <https://www.artandeduca-tion.net/classroom/video/294555/randy-martin-the-politics-of-preemption>.

[42] N. d. E.: Método analítico, pensado pelo poeta e historiador caribenho Kamau Brathwaite, baseado no que ele descreve como o movimento da água para trás e para frente como uma espécie de movimento cíclico, ao invés de linear.

[43] BRATHWAITE, Kamau. *ConVERSations with Nathaniel Mackey*. New York: We, 1999, p. 34.

Desse modo, a preempção tidalética também está de olho na maneira como as formações fascistas são construídas: sempre com base em estratégias e tradições estéticas. Ao capitalizar certas estéticas que precedem e excedem seus termos de ordem militarizada, o Estado-nação fascista impõe seu próprio diretório de ressonância. Isso quer dizer que o fascismo tem uma ressonância rotativa, que extrai de seus próprios objetivos aqueles que trabalham violentamente para cumprir um programa letal.

Se a palavra fascismo deriva etimologicamente do símbolo estético de um machado cortando um feixe de madeira, então o feixe, o pacote, é a formação sem forma. Por outro lado, o fardo ressignificador clama por uma conectividade radical por meio da diferença, guerreando contra as ordens fascistas cronológicas. Nem o tempo nem o espaço aumentam suficientemente nossa capacidade ilimitada de entrelaçamento inventivo, emaranhados não por sistemas de ordenação, mas por ressonância, como ajuda mútua. A ressonância antifascista é a condição de possibilidade para uma organização política por meio da diferença; não para uma utopia programática, mas para uma revolta ingovernável.

A indisciplina não abandona a estrutura total; do espaço do paradoxo e das intrincadas voltas tidaléticas, a formação sem forma trabalha a partir e contra a definição. Assim, muitos perguntarão: o que é uma formação sem forma? Como pode uma forma ser informe no processo de formar algo sem ou a partir da forma? Como esse paradoxo abre possibilidades de organização social? As perguntas se respondem a si mesmas: as contradições generativas engendram materialmente a formação sem forma.

Tomemos, por exemplo, a contradição generativa da murmuração, na qual estorninhos voadores lançam uma nebulosidade coletiva contingente com base em uma intrincada organização interna. O paradoxo da murmuração reside no fato de que suas formas e sombras mudam magicamente, dependendo de cada pássaro se coordenar com os sete pássaros mais próximos a ele. Assim, os movimentos combinados para a mudança coordenada total dependem de pequenas unidades sobrepostas de ressonância colaborativa. A manipulação da forma é um concerto condutor em que a escuta profunda é a nova (des)ordem do mundo. Como expressam os estorninhos murmurantes, a formação informe é uma prática e uma práxis; um princípio de organização social e de ação direta; uma solidariedade inerente e um método de ressonância. Se essa definição ainda requer uma nova ordem sonora, podemos imaginar a escuta na qual o rizomático, os agenciamentos, as afinidades afetivas e sensuais, o efêmero como evidência, o engajamento discrepante e o planejamento fugitivo sempre já rompem linhas de fuga. Ao recusar a "estruturação antes do tempo"[44], o potencial de toque e corte da formação informe se encontra em configurações contraditórias de fluxo fugitivo. Então, se forem feitas mais perguntas como, por exemplo: onde se encontra essa formação paradoxal, mas material e sem forma? Alguém pode segurá-la? É prática? Teríamos que responder: "imagine um dinamismo tocante"[45].

---

[44] GUATTARI, Félix. Machine et structure, In : *Psychoanalysis and transversality*: essays in institutional analysis. Paris: La Découverte, 2003, p. 247.

[45] VOURLOUMIS, Hypatia. Ten theses on touch, or, writing touch, *Women & Performance*, 2 fev. 2015, <https://www.womenandperformance.org/ampersand/amper-sand-articles/ten-theses-on-touch-or-writing-touch-hypatia-vourloumis.html>.

Em conversa com um número incontável de vozes dinâmicas, nossas vinhetas ecoam por meio de ideias, pensamentos e sentimentos sem limites, de artistas e ativistas a revolucionários e teóricos. Nunca separada do conjunto, nossa falta de forma trabalha para romper e construir com base em sons e estratégias emergentes[46], permanecendo sintonizada com uma potencial "tirania da falta de estrutura"[47], operando por meio de lugares de responsabilidade, rotação, redistribuição, difusão e acesso a recursos. Para citar alguns, a formação sem forma consiste em práticas de mediação por meio de incitações sonoras e recitações em ressonâncias e dissonâncias corais.

Formação sem forma é um andar e um voar insurgente, lado a lado, com a organização anticolonial planetária e em solidariedade direta com todos os soldados do amor: indígenas, negros, pessoas não brancas, feministas, *queer*, militantes ecológicos, migrantes e diaspóricos; imaginações e movimentos vivendo e amando contra e apesar das formas e formações capitalistas predatórias.

Sentidas como profundamente agudas e difusamente informes, essas aglomerações dentro e em meio à diferença representam[48] colaborações múltiplas.

A formação sem forma que ressoa entre mundos-de-vida estética discrepantes é o selvagem no selvagem.

Punhos para cima.
Aguarde o som.

---

[46] BROWN, Adrienne Maree. *Emergent strategies*. Chico: AK, 2017.

[47] FREEMAN, Jo. *A tirania das organizações sem estrutura*. São Paulo: Marina Dubia, 2017.

[48] Referência ao Sun Ra Arkestra.

Enxame

O enxame é uma fragmentação na habitação coletiva, uma transmissão de sentimento social e parentesco criativo, uma afinidade guiada pela requintada vida e morte da estética. Uma discrepância sensual, um rangido, uma divisão, uma história especulativa, uma coreografia abstrata. Por ser rebelde, anarquista e um coro incomum, o enxame é um encontro, um emaranhado, um invólucro de difração liberando um fio de luz (uma saída, um caminho para dentro, um caminho para outro lugar).

Mas o enxame também é turbulento: os assuntos vibram e são trazidos de volta, pois o enxame é recorrente e habitado por suas próprias frequências. Ele abriga o som e carrega a murmuração, é um tipo de *feedback*, uma cadência reunida, uma composição rebelde, uma formação informe sob a forma de uma partitura dançada.

Por ser um tipo de sociabilidade em que o tumulto ativa o silêncio, o enxame escuta a dissonância. Isso porque o sonoramente desarranjado nos rearranja, localiza a brutalidade em uma batida e permite que o enxame se oponha à narratividade por meio de uma comunicabilidade excessiva.

No espaço entre o ruído e o som, os enxames recusam a linearidade, pois o tempo linear é tanto a síndrome quanto o sintoma do não contínuo singular, que não tem som (*soundless*), não se transforma e nunca é plural.

Ao perseguir o futuro ao invés de esperar que ele chegue, o enxame voa em êxodo. Ao desenvolver uma "história sem história", Vijay Iyer teoriza contra a linearidade da narrativa e do som e articula um modelo e um método que seguem os contornos de uma formação sem forma em enxame. Iyer argumenta que o impulso consistente em "contar uma história" na musicologia do jazz pressupõe uma representação cronológica e "coerente" do solo improvisado[49]. Se o êxodo necessita de explosão, Iyer rompe as narrativas que afirmam que as histórias musicais se desenrolam linearmente e não pelas "próprias mudanças"[50] na composição musical.

Ao levar em conta uma compreensão mais profunda dos encontros discursivos dentro e entre ouvir e tocar, Iyer sustenta que a performance é uma "antifonia sustentada"[51] em que o som e a incorporação trabalham juntos para quebrar a narrativa linear. Nos "vestígios de corporificação"[52], o corpo não apenas sustenta a nota, mas a engendra. Isso quer dizer que a história criada pelo músico e ouvinte "não é uma simples narrativa linear, mas uma narrativa "fraturada, explodida"[53], que se estende para além das palavras e dos sons. Corpos como notas, acordes e intervalos fazem referência uns aos outros, todos funcionando tanto a partir do ouvido que escuta quanto do "corpo que ouve"[54]. Isso também quer dizer que a audição e o movimento corporal têm funções neurológicas semelhantes; assim, a prática da música (sua plena evolução sensorial, do ensaio à hora do *show* e ao movimento do ouvinte nesse momento) é uma "experiência de

---

[49] IYER, Vijay. Exploding the narrative in jazz improvisation. In: *Uptown conversation: the new jazz studies*, eds. Robert G. O'Meally, Brent Hayes Edwards e Farah Jasmine Griffin. New York: Columbia University, 2004, pp. 393-403.

[50] IYER, Exploding the narrative in jazz improvisation, p. 394.

[51] IYER, Exploding the narrative in jazz improvisation, p. 394.

[52] IYER, Exploding the narrative in jazz improvisation, p. 395.

[53] IYER, Exploding the narrative in jazz improvisation, p. 395.

[54] IYER, Exploding the narrative in jazz improvisation, p. 395.

corpo inteiro"[55], ocorrendo por meio de versos musicais em sua formação sonora.

Então, se ouvir é sobre o presente-contínuo corporal, é também sobre a explosão do som no colapso da estrutura narratológica convencional. Se sabemos que estamos ouvindo, então *como* o som faz a sua sonoridade? E se o som se estabelece no "traço da corporificação", qual é a propriedade total e potencial da ressonância enxameante do som?

Iyer descobre a ressonância desse ressoar dentro e fora da paralinguística, na qual a cognição do corpo conjuga todo o alcance do mundo-de-vida-estética. Como exemplo, ela observa: "muitos conceitos musicais sofisticados se desenvolvem como uma extensão de atividades físicas, como caminhar, dedilhar, bater, cortar, arranhar ou, mais figurativamente, falar"[56], uma vez que esse falar também deve passar por uma nova escala de tempo de escuta.

Como a fala, "a performance musical é um processo" antifonal, formado por meio de "dimensões semióticas"[57]. O dimensional é semelhante a um enxame, como acrescenta Iyer. "Símbolos sonoros"[58] referem-se "ativamente a outras partes da mesma composição, a outra música ou a fenômenos contextuais e extramusicais – como nas correspondências rítmicas entre o movimento dos dedos e a própria fala"[59]. Assim, "dizer algo" não precisa abrigar os vestígios da forma narratológica, pois em cada enunciado e repetição musical o ouvinte ajuda a coexecutar a peça, rompendo a temporalidade e a

---

[55] IYER, Exploding the narrative in jazz improvisation, p. 396.
[56] IYER, Exploding the narrative in jazz improvisation, p. 398.
[57] IYER, Exploding the narrative in jazz improvisation, p. 399.
[58] IYER, Exploding the narrative in jazz improvisation, p. 395.
[59] IYER, Exploding the narrative in jazz improvisation, p. 399.

assinatura da própria história. Em outras palavras, a narrativa não apenas explode, mas deixa vestígios a serem descobertos e seguidos; e esses vestígios fragmentários falam em línguas, sons e resistências corporais.

Desse modo, movendo-se entre "contar sua história" e "mantê-la real", em nome do "atletismo da performance musical negra (ou talvez da performatividade do atletismo musical negro)"[60], Iyer vê a criação da história em mudança ao longo das linhas da vida social negra e seu trabalho resultante. Como ele observa, "o que se ouve é necessariamente o resultado de muito esforço, tempo e processo – em suma, de trabalho (com todas as ressonâncias concomitantes desta palavra)"[61]. Esse é o trabalho da ressonância, cujos sons se chocam e cuja batida colide com os ritmos corporais pulsantes, tudo em uma constelação sonora inovadora da ordem social, na qual trabalhar é brincar, é ouvir, é cultivar novos mundos.

Dedilhado e escuta improvisados são como uma tempestade enxameante de movimentos em cada membro que se estende para fora e através. *Dueto sem título (A tempestade chamada progresso)*[62], uma obra do artista performático baseado em movimento *boychild* em colaboração com o dançarino Josh Johnson e o DJ e compositor Total Freedom, trabalha para contar uma história no processo atlético de manter a realidade. A performance, uma experiência de corpo inteiro envolvendo técnicas de improvisação, busca desfazer e explodir cronologias históricas, narrativas lineares e progressismos.

---

[60] IYER, Exploding the narrative in jazz improvisation, p. 395.

[61] IYER, Exploding the narrative in jazz improvisation, p. 395.

[62] boychild; JOHNSON, Josh; FREEDOM, Total. *Untitled duet (the storm called progress)*. Gropius Bau, Berlim, 1 a 2 fev. 2020.

Para boychild, "certos espaços exigem certas durações"[63]. Tendo tido lugar em 2020, no Gropius Bau de Berlim, um vasto espaço com profundas histórias sombrias, a performance se desenrola ao longo de cinco horas, em dois dias separados.

Essa performance, com duração de dez horas, consiste em uma reformulação do anjo da história de Walter Benjamin; um pensamento com o que é chamado de "tempestade do progresso"[64] como improvisação. Ao tentar gesticular fora dos regimes de poder, em um subterrâneo onde a legibilidade é negada, a dança dos *performers* cataloga traumas, tecnologias, escrituras e narrativas. Além disso, ao pedir a seu colaborador Total Freedom para pensar a música como detrito, os movimentos performáticos e a quietude de boychild e Johnson, na tempestade chamada progresso, são inextricáveis das formas como os sons catalogam a história.

Por meio de dois conjuntos musicais, essas improvisações, preparadas como emanações sônicas entrelaçadas e movimentos corporificados, tornam-se a condição de possibilidade de um do outro, literalmente despedaçando-se mutuamente. Tanto Johnson quanto boychild escapam de anjos vistos na luz. Movendo-se para trás, o cabelo congelado, mas soprando em uma direção, seus movimentos ficam presos em sinceras falhas. Envoltos em trajes de palhaço, largos, longos e ondulados, de período histórico indeterminado, arrastam-se por meio da propulsão e da força. No entanto, seus movimentos rigorosos se deterioram de exaustão contra o zumbido de drones, linguagem verbal obscurecida, fala ilegível, som possuído. Nas operações semelhantes de escuta e movimento corporal,

[63] boychild, entrevistado pela autora, Hypatia Vourloumis, em 4 de maio de 2020.

[64] BENJAMIN, Walter. Teses sobre a Filosofia da História. In: *Iluminações*: ensaios e reflexões. Nova York: Schocken, 1969, p. 13.

Dueto sem título (A tempestade do progresso) enxameia assustadoramente no espaço escuro e entre os membros da plateia.

"Quando você não tem mais nada, você dança", explica boychild[65].

À medida que a performance se torna mais esfolada e triturada, o espaço, o público e os artistas tornam-se cada vez mais envolvidos; uma confusão tempestuosa que altera a aura da sala e sua história. Não se trata de imaginar tocar o dinamismo, esse é o toque do dinamismo.

Em um desejo que se desenrola com o público, a dança de boychild tropeça e se desfaz ao acionar vigorosamente a eletricidade. Por meio de uma incorporação de circuitos de hapticidade, transmissão e reordenamento físico e espacial, boychild descarrega começos e fins não lineares. Seus redemoinhos angulares se esvaem, esticam-se em câmera lenta ordenada e rachaduras em hipervelocidade, na qual, em um puxão de ombro ou em um tremor crescente, movimentos de escuta saem do poço.

Tudo e todos dançam, toda matéria gerada a partir desse campo magnético, pois o enxame não é um clique social; é uma abertura, um rebanho e um enxame de singularidades.

Um devir sensual que se dá no modo como se move, se vive e se sente com os outros, tal enxame supera a identidade, como nota José Muñoz[66]. Para o autor, essa abertura social é um campo magnético no qual um *Brown Commons* é avivado contra o desejo individual. *Brownness* "nos oferece um sentido do mundo [...] representa um enxame de singularidades" que ultrapassam a "área exclusiva de pessoas que foram chamadas

---

[65] boychild, entrevistado pela autora, Hypatia Vourloumis, em 4 de maio de 2020.

[66] MUÑOZ, José Esteban. Vitalism's after-burn: the sense of Ana Mendieta. *Women & Performance: A Journal of Feminist Theory*, v. 21, n. 2, 2011, pp. 191-198.

ou se dizem não brancas"[67]. Assim, *brownness* é uma complicação libertadora e uma revolta emaranhada. É "o compartilhamento de um sentido *brown* do mundo"[68]. É também uma energia distribuidora que procede para depois derivar, por meio de uma coreografia, como abertura para o enxame.

Como boychild apresenta em seu trabalho colaborativo, é também "um fluir para o comum, que, no entanto, mantém as urgências e intensidades que experimentamos como liberdade e diferença"[69]. Ao deixar rastros ressonantes, vislumbres e passagens no mundo, *brownness* é também a transitoriedade histórica compartilhada por pessoas despossuídas. São os vetores iluminantes e emaranhados dos momentos de conexão incompartilháveis, inestimáveis e incalculáveis, que inevitavelmente se dividem. Um senso de mundo marrom (*brown*) no qual as singularidades se aglomeram em um desdobramento comum e em que, quando não se tem mais nada, você dança, e dança junto.

Com efeito, *brownness* é sempre um "senso compartilhado de resistência"[70] entre objetos, sujeitos e planos dimensionais que tanto existem quanto são esperados *por* e *com* – um ponto de encontro de compromissos políticos e estéticos figurados dentro, através e entre corpos resistentes e em constante movimento.

Não conhecendo limites, nem fronteiras, o enxame se move tanto para fora quanto para dentro, revelando uma capacidade de compartilhamento, invocando sentidos de

---

[67] MUÑOZ, Vitalism's after-burn, p. 197.

[68] MUÑOZ, Vitalism's after-burn, p. 197.

[69] MUÑOZ, Vitalism's after-burn, p. 197.

[70] RUIZ, Sandra. *Ricanness*: enduring time in anticolonial performance. Nova York: New York University, 2019, p. 136.

direção e tempo. E esse compartilhamento fervilhante, um estar em união como "uma separação juntos"[71], retém o refrão construtivo do mundo-de-vida-estética.

Dessa maneira, marcando o espaço *brown*, ao passar da forma estética para a prática estética, em momentos de compartilhamento, Gayatri Gopinath constrói um arquivo que também supera a identidade[72]. Ao traçar e reunir curatorialmente os mundos-de-vida-estética indígenas e diaspóricas, Gopinath aponta como um legado duradouro da modernidade colonial suas instituições que trabalham para categorizar e separar diferenças. Ao lançar luz sobre as particularidades da região, por meio de lentes curatoriais *queer*, Gopinath sugere que a curadoria *queer* de enxames de singularidades seja entendida como um tipo de "cuidar-por" e "cuidar-de"[73]. Ela sustenta uma "relcionalidade sul-sul"[74] que contorna e excede o Estado-nação e os campos visuais dominantes. As práticas estéticas da diáspora *queer* desfazem medidas de espaço e tempo, deslocando rubricas convencionais de conhecimento, localização e mapeamento. Por meio de imaginários regionais *queer*, seus encontros e colisões, revezamentos transtemporais de relações afetivas são desencadeados, entre práticas estéticas aparentemente descontínuas e não relacionadas.

Por meio dessa atenção ao afeto curatorial como intenção crítica, a curadoria remonta a região para acentuar afinidades por meio da ressonância – um gesto que compreende a

---

[71] MUÑOZ, José Esteban. "Chico, what does it feel like to be a problem?": the transmission of brownness. In: *A companion to latina/o studies*, eds. Juan Flores e Renato Rosaldo. Malden: Blackwell, 2007, pp. 441-451.

[72] GOPINATH, Gayatri. *Unruly visions*: the aesthetic practices of queer diaspora. Durham: Duke University, 2018).

[73] GOPINATH, *Unruly visions*, p. 4.

[74] GOPINHATH, *Unruly visions*, p. 5.

estética da curadoria ao longo de linhas políticas e ideológicas. Mediante práticas visuais indisciplinadas, que incluem uma visão aérea, estrábica ou um reenquadramento de quadros, os parâmetros de encenação da visão e da visada são expandidos. E, ao descentrar visualmente o Estado-nação para entender o movimento, a dispersão e a desapropriação, Gopinath pede que se veja e se sinta, simultaneamente, a afiliação entre múltiplas estéticas e entidades.

Ressonâncias radicais traçam linhas de vibração conectivas e indisciplinadas em espaços regionais indígenas e diaspóricos. Em outras palavras, os mundos-de-vida-estética, as encenações estéticas das regiões *queer* e da diáspora, são performances de desorientação afiliada e de suspensão em sua energia e excesso.

A diáspora é um caos controlado cheio de enxame. Às vezes, uma tempestade.

Como dispersões, espalhamentos, voos e aterrissagens, tempestades de enxames regionais e diaspóricos indisciplinados são partes de coisas reunidas por meio de sistemas descentralizados, também devem, por sua vez, exceder as categorias de visão e de mapeamento que marcam as divisões entre formas de vida humanas e mais que humanas. Mediante uma visão panorâmica, por exemplo, ecoar formações de arquipélagos que não sabem nada sobre Estados-nação, pássaros (assim como peixes) formam visões de coletivos informes, conjuntos voadores e nadadores. Inalações para a água e para o céu, para a vida reorganizada de outra forma, grupos de pássaros e peixes são comunistas deslizantes, unidades aéreas e aquáticas que abrem a expiração singular para uma inalação horizontal comunal. Pássaros e peixes sabem quando não pousar, sabem observar e, também, quando planar novamente. A coreografia desses animais voadores levanta e varre fronteiras, removidas por meio de deslocamentos deliberados.

Dessa forma, formando-se estruturalmente em grupos móveis, como uma congregação, cardume, gangue, comitê, parlamento, rebanho, colônia, partido, bazar, um flagrante, uma murmuração, estudo e bando, esses companheiros planetários estão em perigo, mas nunca essencialmente manchados pela mistificação do desejo humano individual em uma cultura de pobreza e desapropriação. Unidades definidas por reuniões de espécies particulares, enxames também são bandos, escolas, assassinatos, assembleias, ensinando-nos que os delineamentos dentro do enxame ilimitado estão em toda a matéria quântica interplanetária, assembleias coletivas e existências microbiológicas. O enxame ressoa em todas as formas de vida, desde a entidade mais minúscula até nas formas como a vida social é organizada entre todos os seres sencientes.

Contudo, mantidas pelo legado da modernidade colonial centrado em mapear e ver, as diretivas humanas de atos de fuga em enxame podem se tornar exercícios de vigilância letal. Os procedimentos militarizados contemporâneos em suas rotas coreográficas identificam, por um lado, o enxame que opera como coalizão fugitiva; e, por outro, aquele que prospera como guerra necropolítica. Este tipo de enxame é como uma formação sem fronteiras de segurança armada, circulando em nossa atmosfera sob a égide do Império e da nação. Pairando e oscilando no céu desde o 11 de setembro, medidas de segurança nacional estendem suas campanhas de intervenção militar convencional e armamento biológico aos "drones armados do futuro próximo"[75] nas rotinas cotidianas.

---

[75] KAPADIA, Ronak K. *Insurgent aesthetics*: security and the queer life of the forever war. Durham: Duke University, 2019, p. 2.

Em nome da guerra contra o terror, espera-se que esses drones errantes "se assemelhem a libélulas e abelhas – um eterno enxame multiespécie de inteligência, miséria e poder soberano vindo de cima"[76]. Ao desempenhar seu dever panóptico por meio da guerra aérea, este tipo de enxame patrulha comunidades, cidades, vilas, regiões e nações – não para ajudar ou curar os desprivilegiados, mas para puni-los. O estado de segurança global dos EUA e seus aliados, nesse ato de panoptismo, realiza a tática neoliberal de dizimar o mais frágil da vida por meio da sobrevivência do mais apto.

Esse projeto monótono e desumanizador que objetiva organizar a ordem social não é desprovido, entretanto, de contrainsurreições. Involuntariamente, o estado de segurança global gera "novas alianças e coalizões sensoriais entre grupos de pessoas que podem não ter se visto anteriormente como aliados uns dos outros, ou que podem não ter entendido como estavam envolvidos em lutas sobrepostas contra o policiamento imperial, a punição racial e o militarismo de gênero nacional e no exterior"[77]. Apesar da eterna guerra no grande Oriente Médio, "afiliações diaspóricas radicais e pertença transnacional"[78] são formadas por trabalhadores estéticos transformacionais. Ao descobrir as possibilidades de afiliação coletiva e sensual, Kapadia coloca o dedo nas forças ressonantes encontradas nos mundos-de-vida-estética da diáspora, uma espécie de formação sem forma que faz vibrar a respiração global para remodelar o mundo.

O enxame é, por vezes, uma simulação, uma percepção do simbólico cuja realidade é um modelo feito hegemonicamente,

---

[76] KAPADIA, *Insurgent aesthetics*, p. 3.
[77] KAPADIA, *Insurgent aesthetics*, p. 30.
[78] KAPADIA, *Insurgent aesthetics*, p. 30.

copiado e sustentado por meio da força. Por vezes frágil, o enxame é uma modulação, um ponto de repouso entre avançar e recuar. Outras vezes, o enxame é uma afinidade sensorial entre locais de luta coincidentes.

Assim, um enxame pode matar e incitar a dor, mas também pode irromper em revolução. Com a virada do capital e a promessa de uma nova força de trabalho, o enxame reconhece sua própria desapropriação, fugindo da cena do crime para o espaço da abolição, local onde as narrativas explodem e dançar juntos refaz precedentes históricos.

A história do enxame deixa rastros na amorfia (*formlessness*), soando e gesticulando contra a tempestade linear de progresso e de detritos, pois, enquanto boychild dançava, sua sombra improvisada no jogo de mudança de luz e som revelava, surpreendentemente, um traço intermitente de asas corporificadas.

Do ponto de vista de um anjo, pássaro ou olho de peixe, o enxame traça incorporações imprevistas e duradouras. Por meio da afiliação sensual e de retransmissões transtemporais explosivas de mundos-de-vida-estética *queer*, bens comuns regionais e diaspóricos se opõem aos legados de visão, mapeamento e zumbido do colonialismo. Enxames de tempestades sustentam antifonias rompidas; soando, deslizando e dançando em uma "separação em conjunto"[79].

Às vezes o enxame é um tipo de brutalidade retardada no desvanecimento de uma morte lenta e às vezes é uma batida emergente no precipício da vibração indisciplinada.

Às vezes um enxame de singularidades se encontra no limite da profundidade e no centro da solidariedade, pois

---

[79] MUÑOZ, "Chico, what does it feel like to be a problem?", pp. 441-451.

em mudanças e trajetórias murmurantes como histórias, o enxame instruído transporta frequências magnéticas.

O enxame é a ressonância social que persiste nos interstícios da eternidade.

Ouça o zumbido, o balanço, os tremores cadenciados.
Siga o enxame na batida do som.

Vibração

Tudo, sentido e não sentido, é mantido em movimento. Invisível ao olho humano, a energia vibracional está em qualquer lugar e em todos; suas forças ondulam em frequência animadora. Vibrar-junto é ressoar na enfática e eletrizante ausência de estrutura, formação sem forma que transmite uma série ilimitada de ações. Todo movimento reverbera nos interstícios e nos excessos da existência, pois devir é, também, oscilar na plenitude do vazio.

Ouça a onda batendo e respirando em mares atômicos. Sinta os sentidos.

Dependendo das frequências transbordantes, tanto livres quanto forçadas, as vibrações oscilam e balançam, indo da perturbação à restauração do equilíbrio. Vibrar é abrir-se ao encontro: ao *como* das reverberações conjugadas, impulsionadas por fricções vulneráveis e tensões inquietantes.

Ouça por ouvir.

A vibração é uma onda trêmula, uma detecção por meio de diversas energias magnéticas que ultrapassam a lógica da lógica. Sentir é também atrair, isso porque os sentidos recuperam frequências, vibrando dinamicamente para tocar a abundância.

A batida mais aprofundada da frequência é sua capacidade de ouvir profundamente.

Uma escuta através do espaço e do tempo pode ser encontrada no domínio dos detalhes infinitos, ou, como afirma Alexandra Vazquez, ouvir é um convite para aprender o "detalhe", ou aqueles momentos de envolvimento em que "fissuras maravilhosamente disruptivas" podem "quebrar muitas premissas fundamentais por trás de todos os tipos de narrativas"[80]. Ouvir, então, não é lembrar, mas prender o detalhe e ser preso por ele[81]. Ao escutar assim, capta-se todos os aparentes desaparecimentos sonoros: os silêncios, os sons minúsculos, os zumbidos gestuais, as rupturas, todos os ruídos (in)inteligíveis e pensantes, pois no excedente do som estão novos caminhos para uma poética e uma ética da afinidade.

Ouvir, para Vazquez, é um processo relacional e de desenvolvimento: escuta-se detalhadamente para também ser ouvido, e ser ouvido é produzir som para que se escute. Tocar na evolução do som significa encontrar a evolução da escuta profunda. E, como Iyer compartilhou anteriormente, essa evolução do som não é necessariamente linear, e sim melhor iluminada nas erupções mutáveis da composição, na perturbação da própria narrativa[82]. Nessa coreografia variada na qual as mudanças são as histórias, as reverberações dos sentidos se desfazem ao exigir o desejo do outro vulnerável, outro que ouve com o fervor de um espírito ao mesmo tempo despertado e elevado por deambulações vibratórias.

Em sua escrita sobre a ideia inovadora de "escuta profunda"[83] da compositora Pauline Oliveros, Julie Steinmetz também investiga os princípios da "relacionalidade sônica"[84].

---

[80] VAZQUEZ, Alexandra T. *Listening in detail:* performances of cuban music. Durham,: Duke University, 2013, p. 20.

[81] VAZQUEZ, *Listening in detail*, p. 8.

[82] IYER, Exploding the narrative in jazz improvisation, pp. 393-403.

[83] STEINMETZ, Julia. In recognition of their desperation: sonic relationality and the work of deep listening. *Studies in Gender and Sexuality*, v. 20, n. 2, 2019, pp. 119-120.

[84] STEINMETZ, In recognition of their desperation.

Essa práxis é "um ato fundamentalmente relacional"[85], que começa por desfazer a conexão implícita entre ouvir e escutar. Se ouvir é um "ato psicológico"[86] intenso, como afirma Barthes, então, como argumenta Steinmetz, "ouvir como uma prática nos convida a ouvir tanto o silêncio quanto o ruído, tanto a fala quanto o que não é dito, e os padrões de som e silêncio em todas as suas muitas orquestrações"[87]. Ao dizer isso, também pergunta intimamente "o que escutar pode fazer?"[88], uma pergunta que, em sua multidirecionalidade, pode também questionar: quem pode fazer a escuta?

Seguindo a liderança de Oliveros, Steinmetz revela os componentes psicodinâmicos da escuta profunda em que cada detalhe do momento relacional diz algo sobre alguém. Em sua capacidade mais crítica, a escuta profunda, como promove o movimento estético de Oliveros, "esforça-se por uma consciência elevada do mundo do som e do som do mundo"[89]. De fato, o ouvir é atento e receptivo, e na melhor das hipóteses é inabalavelmente generoso, rigorosamente benevolente e humano. É um processo de autoanálise e descoberta do mundo em que cada detalhe, mesmo os invisíveis, mas sempre cintilantes, fazem vibrar novas cenas sociais. Tudo, no âmbito da relacionalidade sônica, contribui para a transformação do sujeito, do mundo e dos multiversos em versos.

Como Steinmetz e Vazquez compartilham igualmente, ouvir é uma via de mão dupla que se descarrega ativamente,

---

[85] STEINMETZ, In recognition of their desperation, p. 120.
[86] BARTHES, Roland. *A câmara clara*. São Paulo: Nova Fronteira, 2018.
[87] STEINMETZ, In recognition of their desperation, p. 130.
[88] STEINMETZ, In recognition of their desperation, p. 119.
[89] "Pauline Oliveros: still listening!" *Deep Listening Institute*, https://www.deeplistening.org

um cruzamento deliberado de sentimentos que não ignora nenhum som. O aparente nada do silêncio é uma partitura sinfônica robusta; deve-se ouvir profundamente para captar a nota, deve-se reunir a nota para recuperar a escuta.

Ouça profundamente os contornos rítmicos da terra.

Às vezes, a nota e seu significado vivem nos excessos paralinguísticos da mensuração da linguagem, por meio de expressões dos sons que são materialmente integráveis à linguagem. Os sons tornam as palavras diferentes umas das outras; o sentido depende do sem sentido (*nonsense*) – infinitas combinações sem sentido de diferença sônica. É nesses reinos que a comunicação retrocede e se torna comunicabilidade; e é nessa comunicabilidade que se possibilita a materialização do impensável e do inimaginável. O estudo da paralinguagem rompe e resiste ao poder que determina o soberano. Especialmente porque os sons oscilam e reverberam, não se pode seguir o som linearmente.

O som pode levá-lo para fora antes de movê-lo para frente e para trás: uma saída de emergência de ressonâncias habitacionais, nas quais o tempo linear colapsa e a escuta excede seu próprio excesso e instrumentalidade.

A artista de performance experimental e *noise* Erica Gressman compreende as complexidades da "relacionalidade sônica"[90] lembrando-nos de duas questões importantes: primeiro, os sons sozinhos "são muito solitários"[91], precisam um do outro para construir a composição e definir o cenário

---

[90] STEINMETZ, In recognition of their desperation, pp. 119-132.
[91] GRESSMAN, Erica. em S.G. Maldonado-Vélez, "Erica Gressman", La Estación Gallery Podcast, 8 de novembro de 2019, <https://soundcloud.com/user-605923905/erica-gressman>.

para o ouvinte; segundo, às vezes o som também é luz piscando e brilhando, estridente, são corpos em movimento; às vezes, o som acontece nos espaços de outras luminosidades e ocorrências sinestésicas, em que "o solitário" nunca é sobre som, mas sobre a capacidade do ouvinte de se relacionar com seus sentidos. É o posicionamento não linear da ressonância e da escuta que produz a composição, como observa Gressman – preenchida também com a exuberância do solitário.

Em 1º de abril de 2020, algumas semanas após o surgimento da pandemia viral global nos Estados Unidos, Gressman realizou uma performance experimental ao vivo, na *internet*, intitulada COVID-19[92]. Durante quase vinte e cinco minutos, a artista trabalhou para igualar a temporalidade dessa vertente viral por meio de sons e luz. De maneira típica, Gressman coloca a vida cotidiana contra o pano de fundo da urgência por meio do mundo-de-vida-estética. Deitada de lado no sofá com uma tigela de pipoca à sua frente, na mesa da sala de estar, olhando para a câmera como se estivesse nos observando enquanto poderíamos ouvi-la. Vestindo máscara de gás, pijama e meias furadas, ela modela a posição de quem está em quarentena: lixa as unhas, checa o celular e responde mensagens, estica os braços e as pernas em posição de repouso e, olhando para a tela, tenta comer pipoca contra a rigidez da máscara.

Ao mesmo tempo, luzes piscando em azul, verde, rosa, amarelo e laranja refletem o volume e a velocidade da pontuação de ruído de Gressman, enquanto o *feedback* tenta igualar a velocidade da viralidade, produzindo sonora e visualmente

---

[92] GRESSMAN, Erica. COVID-19, The quarantine concerts, Experimental sound studio, Chicago, IL, 1º de abril de 2020, <https://www.youtube.com/watch?v=FsyFD-xjeRo&t=5s>. Gressman, entrevistada pela autora, Sandra Ruiz, em 2 de abril de 2020.

o atual estado de emergência. Ao fundo, tinta molhada cai da parede como a propagação do vírus – um pingar igualmente rápido e lento, lembrando as cores da violenta precariedade cotidiana. A estudiosa Fiona Ngô descreveu o trabalho de Gressman como um exemplo da "violência do devir"[93], tanto na vida cotidiana quanto no meio da vanguarda. Tornando-se com e contra a tensão embutida na violência de uma pandemia, Gressman produz uma cena performativa na tela em que as condições relacionais da existência vêm à tona com suas urgências reverberatórias.

Gressman, a artista do som, *performer* experimental *queer* e engenheira de *design* colombiana, não é nova na produção de composições musicais evocativas a partir de instrumentos eletrônicos analógicos caseiros, sensíveis à luz e reativos ao movimento. Sua performance ao vivo *Wall of skin*[94], por exemplo, é uma peça sensorialmente imersiva de ruído, luz e movimento, com Gressman coberta por pele cibernética. Essa performance representa uma trilha sonora animada que, literalmente, destaca os efeitos psicológicos e sociais da pele. Criando performances de *biofeedback* ao vivo (combinando ciência e estética) por mais de dez anos, Gressman transformou seu corpo em várias entidades – de ciborgues, animais, monstros e bruxas a alienígenas e xamãs, e agora um zumbi em quarentena. Todas essas figuras elaboram as ideias de

---

[93] Fiona Ngô, em conversa com Joshua Chambers-Letson e Sandra Ruiz, seguindo *Erica Gressman's Limbs, Krannert Art Museum*, Champagne, IL, 13 de setembro de 2018. Curadoria de Sandra Ruiz com a ajuda de Amy Powell, equipe KAM e estagiários da La Estación Gallery e equipe Latina/Latino Studies: <https://kam.illinois.edu/event/eri-ca-gressman-limbs>.

[94] GRESSMAN, Erica. *Wall of skin, Channing Murray Foundation*, Urbana, IL, 7 de abril de 2016.

incorporação, som e tecnologia ao unir os sentimentos do sujeito racializado, colonizado e sexualizado na vida cotidiana.

Uma série de vibrações em alerta máximo, o corpo de trabalho de Gressman traça energias que marcam um caminho para outra coisa, em outro lugar.

Repleto de um tipo de energia que viaja para fora dos cinco sentidos conhecidos, todo sentido é uma experiência visceral para além do empirismo. Pulsando para fora e para dentro, expõe como as manifestações ressonantes são paradoxos do efêmero sendo materializado. Tudo está vindo de algo e tudo está conectado, por qualquer coisa, no nada.

Tudo o que é material nem sempre é visto.
                    Tudo o que não é visto também é material.

Então, como o corpo escuta para revelar a capacidade curativa da escuta?[95] Qual é sua partitura sonora de gênero, estilo, mídia? E como escutamos a forma que, inexoravelmente, se deforma em nome da relação profunda?

Formando e deformando, a performance *minor matter*[96], de 2016, da coreógrafa e bailarina Ligia Lewis, move-nos em direção a uma escuta profunda com seus colaboradores Jonathan Gonzalez e Hector Thami Manekehla. Exigindo atenção aos detalhes, a performance começa em completa escuridão enquanto ouvimos Lewis entoar trechos do poema *Dreamtalk*, de Remi Raji. Lewis recita as palavras: "Eu gostaria de

---

[95] STEINMETZ, In recognition of their desperation, pp. 119-132.

[96] LEWIS, Ligia; GONZALEZ, Jonathan; MANEKEHLA, Hector Thami; WILLEMSE, Tiran, *Matéria menor*, HAU Hebbel am Ufer, Berlim, 24 a 27 de novembro de 2016. Obrigado a Joshua Chambers-Letson por compartilhar seus materiais de pesquisa e por nos colocar em contato direto com Ligia Lewis.

virar você do avesso e entrar na sua pele/ Ser, aquela sombra sóbria no espelho da indiferença" enquanto se alça para "a ultra sonoridade do sangramento oculto... imagens"[97]. Batidas de percussão rítmica se entrelaçam com palavras faladas (que atestam o desejo do poeta de remover as barreiras da pele, ao mesmo tempo em que se aproxima de imagens ultrassônicas sangrentas). Lentamente, à medida que o espaço do teatro de caixa preta se ilumina, ouvimos as cadências de música clássica barroca e vemos três figuras encolhidas no fundo do palco. Os braços se abrem para fora em diagonais e eixos mutáveis; sustentando os membros esticados, erguem-se e se apoiam um no outro. Violentamente, enredam-se mediante níveis e vetores divergentes de corporações e domínios.

À medida que a performance avança, uma ária assustadora preenche o espaço onde o atletismo de lutas amontoadas acontece, uma disputa contínua entre Lewis e Manekehla enquanto Gonzalez recita palavras desprendidas em um microfone: "isso não pode ser apenas problema meu... isssssssssssssssssssssso". Falando da importância da "disciplina, escolha, legado, qualidade", a fala de Gonzalez acelera e se desintegra em sons paralinguísticos. Todavia, então, Lewis toma sua vez no microfone e a voz que ouvimos emana em um registro de baixo profundo, em que as frequências altas e baixas das cordas vocais vibram de maneira simultânea para fora. "Preferiria não fazer", "não é uma coisa, é nada", diz a voz sinistramente dobrada[98].

A música se acelera, grita, as mudanças de luz finalmente revelam três solos separados, traçando passos repetidos e abstrações corporais distorcidas. Gesticulando ângulos

---

[97] RAJI, Remi. *Dreamtalk, Gather my blood rivers of song*, Ibadan: Diktaris, 2009.
[98] LEWIS; GONZALEZ; MANEKEHLA; WILLEMSE, *Minor matter*.

hieroglíficos, Lewis, Gonzalez e Manekehla batem seus corpos e batem palmas em sincronia, expressando uma militância urgente e uma força enfática por meio de movimentos frenéticos, porém convincentes. De pé, em formação e levantando os punhos desafiadores juntos, seus rostos ficam distorcidos. À medida em que seus punhos se fecham, eles se unem, inclinando-se para trás como se fossem puxados. De mãos dadas enquanto caem para trás na escuridão, Donna Summer canta *I feel love*[99] e uma luz azul projeta sombras em seus esforços constantes.

Então, da escuridão total, uma única luz brilha sobre Manekehla enquanto ele se move para a frente do palco mal iluminado. Dá um tapa em seu próprio torso e dança bruscamente para virar as costas para o público. Em um silêncio ensurdecedor, enquanto a escuridão completa desce mais uma vez, ouvimos a respiração e vislumbramos os desbotamentos da carne, conversas inaudíveis, notamos membros quase imperceptíveis e a pele brilhante. Luzes vermelhas inundam lentamente o espaço enquanto os membros estendidos dos três artistas vibram contra um leve zumbido mecânico. Os dançarinos se agarram nas extremidades uns dos outros, enquanto se deitam no chão.

> Na fixação horizontal, conectam-se entre si em corrediças aterradas e rolos interligados; seus corpos enquanto linhas, como se estivessem em risco.

Por meio de modos performativos de incorporação que nunca se acomodam, a coreografia de Lewis desfaz delineamentos fáceis do corpo que dança. A *matéria menor* (*minor matter*)

---

[99] LEWIS; GONZALEZ; MANEKEHLA; Willemse, *Minor matter*.

desenrola a relação entre política e legibilidade, pois o desejo de Lewis de derrubar os limites das paredes pretas do teatro e as representações na dança são inseparáveis das questões que cercam as representações do movimento *Black Lives Matter*. Lewis pergunta: "Podemos instituir uma prática de união no menor? A caixa preta pode hospedar uma experiência negra que vai além da política de identidade?"[100]. Para Lewis, a questão da negritude não é uma questão menor (*minor matter*), mas matéria como *prática*, como animação vibracional, em que luz, cor, som e movimento se confundem no espaço, e o próprio espaço se manifesta por meio de configurações indefinidas. Explorando a cor vermelha para materializar "pensamentos entre amor e raiva"[101], Lewis oferece um espaço pós-apocalíptico que é ao mesmo tempo assustador e exultante.

Pensando em corpos sonoros e imagens, a dramaturgia de *Minor matter* é uma operação ressonante na qual o texto se torna textura e um espaço de retenção para som, cor, matiz e choro. Essas performances entrelaçadas de som, cromaticidade, voz, afeto e gesto, como escreve o coreógrafo e estudioso Anh Vo, são "os interstícios de espaço, tempo e poética em que [...] a estética negra e a política negra podem emergir fugitivamente, ocupar e simultaneamente dispersar"[102]. Conjuntos de membros traçam e atravessam incorporações intensas porque "sentimentos importam"[103] na matéria das fisicalidades carregadas de união e separação.

---

[100] LEWIS; GONZALEZ; MANEKEHLA; Willemse, *Minor matter*.

[101] LEWIS; GONZALEZ; MANEKEHLA; Willemse, *Minor matter*.

[102] Anh Vo, On blackness – Ligia Lewis: Minor matter (2016), *Cult Plastic: Dance and Culture in the Plastic Age*, 2 de junho de 2017, <https://cultplastic.com/2017/06/26/on-blackness-ligia-lewis-minor-matter-2016/>.

[103] LEWIS; GONZALEZ; MANEKEHLA; WILLEMSE, *Minor matter*.

Ao resistir às representações formais do teatro caixa-preta, da política de identidade e do "corpo dançante", a *Minor matter* cria um presente indeterminado e não resolvido por meio de agregações entrelaçadas, nas quais trata de perder o eu para estar radicalmente com o outro. Esses experimentos, para Lewis, estão ligados a noções de abstração e nada; e, como o nada, é sempre um tipo de matéria. A carne também vibra por meio da coreografia, não apenas mediante os corpos legíveis. E Lewis descreve esse trabalho, em particular, como integrante do gênero musical *noise*[104].

Perto da conclusão da *Minor matter*, *lasers* vermelhos cortam a caixa-preta em eixos curvados enquanto os três dançarinos se reclinam em diferentes inclinações. Seus eixos corporais se desviam em uma massa de carne rolante à medida que se tornam enodados. De um enredamento horizontal, os três bailarinos passam para uma verticalidade entrelaçada, e ouvimos um gemido inseparável do canto. O espaço é iluminado novamente e danças frenéticas, quedas e derrubadas acontecem. Progressivamente, envolvem-se em um exercício extenuante de atos de equilíbrio desajeitados e precários, tentando segurar um ao outro. "Segure!", um dos dançarinos grita, mas eles continuam caindo e caindo de novo e de novo. Às vezes, usam as paredes laterais da caixa-preta para derrubar um ao outro, seus corpos cortantes continuam tentando, como se diz: "peguei você". Lewis grita blaaaaaacccck!", e a performance termina na escuridão total[105].

Mobilizando diferentes camadas de negritude, a *Minor matter* inclui tensões entre ressonância e dissonância, segurando, tocando e desmoronando em uma coreografia de *noise*. Em

---

[104] LEWIS; GONZALEZ; MANEKEHLA; WILLEMSE, *Minor matter*.
[105] LEWIS; GONZALEZ; MANEKEHLA; WILLEMSE, *Minor matter*.

seu desejo explícito de esgotar os limites da forma e da materialidade singular e representacional, Lewis pergunta: "Como soa o corpo dançante em contraste com sua aparência?"[106]

Quais são as frequências do corpo que dança e como essas frequências se materializam e estimulam outros corpos por meio da matéria de sentimentos?

Para o sociólogo Hartmut Rosa, a "ressonância social surge apenas se e quando, por meio da vibração de um corpo, a frequência de outro corpo é estimulada"[107], propondo que essas vibrações são relações de mundo profundamente transformadoras. Ao mesmo tempo, para o autor, a ressonância nunca pode ser instrumentalizada e é sempre ambivalente; trata-se de uma resposta diferenciada, não de um eco repetido na pluralização das singularidades. No cerne de seu trabalho está a ideia de que a ressonância pode instigar o desenrolar da alienação social e da aceleração capitalista, uma vez que os desejos vibram em e através de todas as experiências do sistema-mundo dado. Tão imprevisível, tenso e frágil quanto os atos de equilíbrio de Lewis, a ressonância social, para Rosa, é experimentada por meio de relações que nunca podem ser forçadas.

Esses desejos atravessam trêmulos os mundos da vida cotidiana e, em suas múltiplas dimensões, inclinam-se para uma promessa que abriga o ainda-não. Uma maneira de sair da colonização capitalista de nosso cotidiano mercantilizado e da questão rotineira da violência, como Gressman e Lewis detalham, é explorar uma ressonância social não reconhecida, que soa como ruído (*noise*). Tal ressonância nunca pode ser definida filosoficamente, pois é uma "realidade experiencial

---

[106] LEWIS; GONZALEZ; MANEKEHLA; WILLEMSE, *Minor matter*.
[107] ROSA, Hartmut. *Resonance*: a sociology of our relationship to the world. trad. J. Wagner. Cambridge: Polity, 2019, p. 282.

imediata"[108] que promove (des)harmoniosas disposições singulares e sociais.

Se o estudo de Rosa fornece uma teoria crítica da "ressonância da ressonância"[109], então, ao interromper a relação entre legibilidade e política, tanto Gressman quanto Lewis mostram como populações marginalizadas são enquadradas em contextos pré-formados específicos e imbuídas de conteúdo pré-formado determinado por normas científicas e seus eixos sociológicos. O método sociológico de Rosa, focado na ressonância, traça as dimensões da reverberação por meio de uma diagramática de "eixos" ressonantes, indicando como esses "eixos de ressonância" constroem diferentes "relações de mundo"[110].

No entanto, o "ruído" de Gressman e Lewis complica a delineação dos eixos de Rosa, mostrando que fazer barulho também é refazer a carne mediante o envolvimento de frequências não representacionais e não lineares. Suas respectivas práticas performáticas revelam como, embora seja operacional, a força de ressonância entre mundos-de-vida-estética escapa insistentemente de imperativos administrados.

Então, vamos repetir a pergunta:
como ouvimos a forma que se deforma
em nome do ruído profundo?

Dos eixos de ressonância aos eixos de ruído, Gressman e Lewis repensam os sons dos corpos em movimento, opondo-os à sua visualidade situada. Esses artistas, desafiando as ordens

---

[108] ROSA, *Resonance*, p. 761.

[109] SUSEN, Simon. The resonance of resonance: critical theory as a sociology of world-relations?. *International Journal of Politics, Culture, and Society*, n. 33, pp. 309-344, 2020.

[110] SUSEN, The resonance of resonance.

sensoriais para nos colocar no reino da incorporação imersiva, sabem que a ressonância da ressonância é uma política de solidariedade realizada intimamente no *sensorium*.

Os sentidos, como matéria, dificilmente são apenas menores. A matéria escura intergaláctica da Arkestra de Sun Ra cria um mundo dinâmico-vital ao incorporar os seus próprios sentidos (*sensoriums*). Os Arkestra, que tocam juntos há quase 80 anos, ainda seguem seu líder de banda desajustado de Saturno, Sun Ra, para viajar sonora e visualmente na poeira interestelar[111]. Ao escutar profundamente os detalhes trêmulos nas orquestrações revolucionárias da Arkestra, ouvimos estremecimentos ressonantes através de práticas, galáxias e eixos, não apenas respirando na forma, mas vivendo em contínua ausência de forma. Da guerra nuclear e viagens espaciais às canções de Arkestra, intervalos de composição, jazz e ruído improvisado viajam para o desconhecido e impossível, uma vez que é o "desconhecido que você precisa conhecer para sobreviver"[112].

Essas viagens para espaços desconhecidos envolvem riscos, acaso, colaboração, improvisação e confiança, como revelam os mundos-de-vida-estética de Gressman, Lewis e Ra. Ouvindo os detalhes do desconhecido, nosso desconhecido se torna antitético frente ao fascismo antigaláctico do Império, dado que em todas as formas de organização planetária existem orquestrações e coreografias movidas por ritmos trêmulos de solidariedade e ética vibracional.

---

[111] Para um novo trabalho sobre Sun Ra e a poeira e a matéria interestelar, cf. o próximo livro de Jayna Brown, *Black utopias*: speculative life and the music of other worlds (Duke University). Cf. também a palestra de Jayna Brown *A fierce organicism: ecologies of enmeshment in contemporary speculative art*, disponível em: <https://youtu.be/u8MXDEOZL8E>.

[112] RA, Sun. qtd. *in* Robert Mugge dir., Sun Ra: *A joyful noise*, 1980.

Como ensina a Arkestra, essas orquestrações devem ser de languidez, amor e portas abertas para o cosmos. Esses ecos comunitários se esfregam uns nos outros, realizando sua sonoridade coordenada e discrepante, já que, como Ra sabe, com todo amor aos espaços de outros lugares, vem a violência da Terra. Nessa paisagem sonora violenta, Ra canta que a "radiação, mutação, bombas de hidrogênio, bombas atômicas" são um "filho da puta" esperando para explodir "sua bunda" em nome da guerra nuclear[113].

Assim, ao entrar na orquestra cotidiana de coisas, entidades, montagens e ecologias contra todas as guerras, o nosso anticolonialismo já é anticapitalismo; os contextos e os conteúdos que separam ambos não podem ser usados como princípios para entender as qualidades míticas de nossa formação sem forma.

Como Ra, nós também "consideramos esse mito como potencial/ Não autoevidente, mas equacional/ Outra dimensão de outro tipo de vida viva"[114].

Vibrando diferentemente, por meio do compartilhamento intersticial, as ressonâncias nunca são uma experiência singular. Transmitir sinais da formação de outros refrões é a ressonância da ressonância.

> Na constante violência do devir e nos esforços que buscam esgotar a forma, eles abrem portas para os sentidos, levando-nos a reinos menores da matéria e da astro-amorologia.

---

[113] RA, Sun. Arkestra, *Nuclear war*, Y Records, 1982.

[114] RA, Sun. *We hold this myth to be potential* (1980) em *The immeasurable equation: the collected poetry and prose*, eds. James L. Wolf e Hartmut Geerken. Wartaweil, Alemanha: WAITAWHILE, 2005, p. 420.

Vibrar e tocar, mas não como um toque, e sim como um aperto, é ouvir profundamente para se conectar com outra vida viva de outro tipo e lugar, saber quando se conter, reter o refrão ou desacelerar a frequência para mudar as larguras de banda sonora.

Sinta as vibrações sob a pele.

Toque a música.
Ouça o som.

Conjunto

Se o conjunto é um portal e uma passagem, então a ressonância é o caminho necessário, uma passagem para entrar no caminho. E o caminho é um tilintar, um golpe, um empurrão, uma falta de ar. É uma escuta e uma resposta: um lugar onde não há som sem o tempero do ouvido. Essa passagem geralmente é desalinhada, ou um início e fim contínuos em que o *show* é apenas mais um ensaio. Sem prática, não há conjunto.

"Espere por mim", diz um membro do conjunto, e depois outro, depois outro, depois outro, porque o líder do tumulto nunca é absolutamente claro. O empuxo e o voo acontecem todos ao mesmo tempo, porque balançar os outros é querer ser destacado, sabendo que o solo não é um solo sem companhia. A seção rítmica faz um segmento, convidando a uma abertura, que é cortada por mudanças de tom rompendo os quadros do ritmo.

> Às vezes, o único caminho para cima é para baixo, onde para baixo é para cima e, simultaneamente, algo como caminhar ao lado.

Todavia, para andar ao lado é preciso habilidade para saber quando se apoiar em algo, em alguém. Esse conjunto que se inclina e se divide é uma agregação em composição, um derramamento acumulativo, um fazer-se, um atravessar, uma viagem coletiva para outro lugar, que é também este lugar e aquele espaço. É itinerante, com passagem só de ida, dado que não há como voltar ao que o conjunto já foi porque o conjunto se perde e, ao mesmo tempo, se ganha.

O conjunto é o fluxo e refluxo do encontro, uma concessão para partilhar o desejo, seguindo um som, uma rima, uma erupção constante no tempo, um aparecimento e desaparecimento em nome da imaginação.

A colaboração é uma verborragia nascida da "gênese inacabada da imaginação"[115]. Assim como a escuta, a imaginação é colaborativa, um tipo de relação impulsionada pelo compartilhamento ativo do trabalho. Nós não somos os únicos autores da estética e da cultura, mas participamos do processo. Às vezes, nas conexões mais profundas, a arte escreve o escritor. Enredados em tensão e harmonia, objetos, ideias e assuntos ativam e geram cenas imaginativas. Como prevê a ressonância, a maioria das conversas, embora ainda não documentadas, sempre foram emaranhadas e duradouras de maneira informal e inovadora.

Ao privilegiar a imaginação, a criatividade e as curiosidades de cuidado sobre a identidade, a ressonância faz avançar uma ideologia e uma consciência que necessitam de solidariedade. *Moved by the motion* é apenas um exemplo da capacidade de colaboração. Um conjunto de membros flutuantes, criado por artistas, como o cineasta Wu Tsang, boychild, Asmara Maroof, Josh Johnson e muitos outros. *Moved by the motion* é composto por DJs, músicos, dançarinos, artistas, poetas e escritores. Esse conjunto é uma formação sem forma, cujos membros vêm, vão e retornam constantemente. Em uma de suas performances ao vivo, *Sudden rise*[116], Tsang recita um poema[117],

---

[115] HARRIS, Wilson. The unfinished genesis of the imagination. *The Journal of Commonwealth Literature*, v. 27, n. 1, pp. 13-25, 1992.

[116] *Moved by the motion, Sudden rise*, Whitney Museum of American Art, Nova York, 26 a 27 de abril de 2019.

[117] TSANG, Wu; MOTEN, Fred. Sudden rise at a given tune. *South Atlantic Quarterly*, v. 117, n. 3, pp. 649-652, 2018.

escrito conjuntamente por Fred Moten e boychild. Ainda que composto conjuntamente, o poema encapsula outra voz, pois é inspirado por uma frase presente em um dos ensaios[118] de W. E. B. Du Bois – frase esta que é o título do poema.

Enquanto Tsang encanta o poema, boychild e Johnson dançam ao som da leitura e dos sons eletrônicos de Maroof e do violoncelo de Patrick Belaga. Sem roteiro e de forma improvisada, a música responde ao entrelaçamento das imagens projetadas e dos movimentos dos dançarinos. Os corpos dos dançarinos são capturados por imagens, em tempo real, em telas enormes atrás deles, permitindo uma sinistra duplicação de sua dança; uma coreografia composta por inúmeras quedas de uma plataforma elevada, espelhada em diferentes registros temporais.

Sudden rise tem ressonância com os filmes *We hold where study*[119] e *One emerging from a point of view*[120], de Tsang, em que o artista usa as técnicas fílmicas de sobreposição, desfoque e emenda de imagens para unir duas telas horizontais. Expressos na inseparabilidade da diferença por meio de fotografias que se projetam umas nas outras, os canais se unem no meio. Flutuando e dobrando-se em uma formação sem forma, panoramas cinematográficos sem fronteiras sangram e fundem-se para se encontrar entre espaços e tempos singulares e, também, aderidos por meio da montagem de imagens. Cinematicamente impressionante e politicamente convicto, os desfoques e desvanecimentos de Tsang em outros mundos são as afeições estudiosas de uma intrincada confusão.

[118] DU BOIS, W. E. B. Sociology hesitant, *Boundary 2*, v. 27, n. 3, pp. 37-44, 2000.

[119] TSANG, Wu. dir., *We hold where study,* The Modern Women's Fund, MoMA, New York, 2017.

[120] TSANG, Wu. dir., *One emerging from a point of view,* Sharjah Art Foundation and Onassis Fast Forward Festival 6, Atenas, 5 a 19 de maio de 2019.

Desfocar e esmaecer são estratégias estéticas tanto quanto realizações políticas. O corajoso conjunto de Tsang reflete o pensamento de arquipélago de Édouard Glissant para promover uma incognoscibilidade compartilhada que rompe os limites dialéticos da opacidade e da transparência. Promulgando uma *poética de relações*[121] visuais e sônicas, Tsang encapsula o conjunto de ressonância através do espaço e do tempo por meio de princípios associativos não lineares. Como Glissant, chamando o leitor para ouvir os ecos (o *feedback*) e o caos espiralando por dentro daquilo que ele chama de *la totalité-monde* (a totalidade-mundo)[122], Tsang escapa da armadilha da transparência ao abraçar a opacidade. Para ambos, a opacidade é uma analítica para ler, pensar, criar e performar, mas também, uma prática para se estar com outros que privilegiam a operação transversal sobre o delineamento redutivo.

Esforçando-se por frequências ressonantes, uma práxis de acompanhamento promove o registro de mundos-de-vida-estéticos de arquipélagos, nos quais as aberturas imaginativas de opacidade garantem modos transformadores de sobreposição histórica entre entidades. As relacionalidades multiversais tentam ressignificar a existência por aquilo que *dá-com-e-para*, e não pela clareza representacional e pelo absolutismo, que muitas vezes consomem violentamente todas as energias da vida.

Tsang rastreia a violência da representação, seguindo os modos pelos quais a câmera opera. "Não há forma não violenta de olhar para alguém"[123], defende Tsang, proposição que é também o título de uma exposição de 2019 que parte de

---

[121] GLISSANT, Édouard. *Poetics of relation*. Trad. Betsy Wing. Ann Arbor: University of Michigan, 1997.

[122] GLISSANT, *Poetics of relation*, p. xiii.

[123] TSANG, Wu. *There is no non-violent way to look at somebody*, Gropius Bau, Berlim, 4 de setembro de 2019 a 12 de janeiro de 2020.

uma frase do texto *Sudden rise at a given tune*.[124] Revelando o quão teórica e esteticamente as formas avançam para outras formações, Tsang sugere que a dupla negação no título destaca as camadas de intenção no cinema. Essas intenções são vista por meio de pontos de compreensão crítica: 1) como o registro da documentação é sempre pré-intencional e pode ser pensado em conjunto com histórias documentadas de movimentos sociais; 2) como as escolhas do documentarista estão imbuídas do desejo do cineasta de não ser violento com seus personagens e, consequentemente, fazer justiça às suas histórias; 3) como dar voz aos que não têm voz muitas vezes leva a operações sinistras no gênero documentário. A violência, para Tsang, situa-se na intenção, no desejo e na execução, nenhuma delas removida pela armadilha da transparência.

O conjunto responde a essa violência por meio de um assalto estético turbulento e imprevisível à própria captura do enquadramento. Consciente de que o mundo-de-vida-estético está entrelaçado com a violência da apreensão da imagem, bem como com a violência da vida cotidiana, Tsang nega sua separação. Mas o que fazer quando a câmera olha para trás, iniciando uma saudação visual que reorganiza a própria documentação? Para Tsang, a resposta está em admitir plenamente que a violência ofusca o sistema de visão.

Inerente ao ato de ver e registrar está a negociação com a representação, pois há um corte necessário para tocar, um conflito necessário do emaranhamento e da relacionalidade, como as formas elementares engendradas a partir da câmera. Da fotografia recorrente, da ação em plano e contraplano, da emenda, do *close-up*, do *zoom out* ou do mostrar e contar de

---

[124] TSANG; MOTEN, Sudden rise at a given tune. Cf. também DU BOIS, Sociology hesitant.

uma lente manipuladora, a própria câmera expõe como não há uma maneira não violenta de segurar uma câmera, de olhar para fundamentalmente ver um ao outro. A ratificação da violência mora nas particularidades emaranhadas do conjunto.

E os conjuntos de Tsang estão imersos nos intrincados detalhes dos movimentos sociais por meio de performances emaranhadas. Isso também para compartilhar que a estética dos conjuntos rebeldes nunca é removida das práticas estéticas usadas pelo Estado para se mobilizar contra a revolta política. Embora as economias capitalistas e os aparatos policiais tentem apagar as formas como estamos unidos, os protestos planetários buscam transcender a estrutura social necropolítica do Estado-nação capitalista financiado contra pessoas pretas, *queers* e trabalhadoras subalternizadas, que abandona os mais vulneráveis diante da morte. Em resposta a tal violência, Tsang oferece a imagem borrada como um ato de contrainsurgência; revela o direito de ser complexo, opaco, de ser interarticulado em uma estratégia estética de colaboração.

Se a colaboração é metodológica, então a estética do protesto e da rebelião também deve revelar as estruturas composicionais e os princípios organizadores da resistência social. Tal afirmação revela como as rebeliões regionais compreendem um conjunto de protestos planetários por meio da urgência da ressonância.

Frequências ressonantes de rebeliões em todo o mundo são realizadas, enquanto manifestantes planetários mobilizam sua estética coreo-discursiva-política, visto como andam, correm, deitam-se e sentam-se, junto com seus avanços linguísticos traduzidos em sinais e cantos, todos – demandas, sonhos e declarações – reverberando coletivamente. Tomemos, por exemplo, a coreopolítica realizada em Santiago do Chile no final de 2019 contra o feminicídio desenfreado e a agressão sexual, por meio de uma dança e música colaborativas antiestatais, mobilizadas por militantes feministas. Desde a sua criação, essa insurgência coreográfica tem sido dançada e cantada por mulheres em todo o mundo, comunicando uma solidariedade planetária que excede a preeminência governamental. O chileno *Un violador en tu camino*[125] é apenas um exemplo estético da luta planetária compartilhada contra a posse da vida.

Consideremos os eventos contemporâneos contra o policiamento fascista antimovimento negro nos EUA, que estão contrariando o mandato do Estado, por meio de uma rebelião coletiva em um número impressionante de cidades e continentes. As revoltas em andamento nos EUA no verão de 2020 avançam com a ideia de que a violação da terra e da vida nunca é defensável. Assim, o conjunto emerge por meio das cores heterogêneas das roupas, das máscaras brancas de leite e antiácidos usadas contra o gás lacrimogêneo, das bandanas e balaclavas que blindam e marcam suas culturas *underground* misturadas. Ocupações opostas de todos os tipos, do corpo humano ao ecológico, são ouvidas nas urgências que ressoam e ecoam pelo *plenum*. Enquanto as redes sociais capturam a violência de olhar para alguém, a rebelião mantém e vai além dessa violência.

>Desta vez, o conjunto é televisionado.
>Por enquanto, a revolução está na tela.

O desejo de respirar em solidariedade tem viajado por toda parte. Um exemplo sem precedentes pode ser encontrado

---

[125] LAS TESIS. Un violador en tu camino, performado no *International Day for the Elimination of Violence Against Women in Santiago*, Santiago do Chile, 25 de novembro de 2019.

em resistências indígenas e negras do outro lado do globo, estremecendo em ressonância com as rebeliões nos EUA enquanto lutam a partir de sua própria experiência de colonialismo e genocídio. Os papuas ocidentais fizeram soar sua solidariedade, expressando como estão juntos com aqueles que lutam contra a antinegritude nos EUA[126]. Sua luta contra os militares indonésios que os matam para manter as minas de ouro americanas e canadenses, revela as perseguições intermináveis do colonialismo que eles carregam singularmente, mas que são sentidas planetariamente. Sua batalha em solidariedade é apenas outro exemplo de uma nova ordem social mundial se formando amorfamente contra a ocupação e a opressão, vibrando em contextos semelhantes, porém diferentes, em que o genocídio antinegro está no centro de toda revolução e busca por libertação.

Desenterrando a poética desviante do protesto por meio de detalhes clamorosos, a revolução se manifesta nos mundos-de-vida-estética da parte e da multidão[127].

> Nem a parte nem a multidão,
> como o estético e o político, servem de metáfora.

No outro lado dessas revoltas, a polícia do planeta também tem suas táticas estéticas na forma de equipamentos ao estilo *robocop*, *design* de espera e ataque, capacetes, gás, balas de borracha, carros barulhentos e cassetetes. A lógica da composição policial é militarizada, é uma ordem que protege certa sociabilidade definida, motivada pela propriedade e pelo

---

[126] Para mais sobre essa revolta, cf.: <https://suarapapua.com/2020/06/12/the-voice-of-papua-news-letter-pap-uan-lives-matter/>.
[127] GLISSANT, *Poetics of relation*.

lucro. Toda logística de organização social começa com a militarização, uma vez que "o complexo militar-industrial estabiliza a atividade capitalista, absorvendo seus excessos com a produção de armamentos, táticas de vigilância e usos cada vez mais diversificados da tecnologia de segurança"[128]. Com o nascimento foucaultiano do complexo prisional-industrial, as existências militarizadas contam com estruturas de vigilância, obediência e disciplina – todas trabalhando a favor da mercantilização do Estado, pois resistir aos desígnios utilizados para moldar "corpos dóceis"[129] é se comprometer com a própria ilegalidade.

Cada componente da ordem social é regulado pelo menor detalhe, tecnicidade, programação e especialidade. Ele é observado por meio de parâmetros institucionais, das escolas às igrejas, prisões e orquestras, no vestuário e no discurso, no movimento e no silêncio. Esses são os "meios de treinamento correto"[130] que Foucault imagina como a dissolução de um sentido complicado de ser.

Imposta por instituições governamentais, a estética também segue uma programação, muitas vezes mercantilizada e comercializada, mobilizada como propaganda; uma percepção cultural dominante do lazer; uma alegria posterior que ocorre uma vez que o programa ideológico foi concluído. Mas não nos esqueçamos que, mesmo quando o neoliberalismo perpetua a violência do estético, o mundo-de-vida-estética nos mostra como viver fora do ritmo e respirar juntos contra as construções tradicionais de espaço e tempo.

[128] MAN, Simeon; PAIK, A. Naomi Paik; PAPPADEMOS, Melina. Violent entanglements: militarism and capitalism. *Radical History Review*, n. 133, 2019, p. 1.

[129] FOUCAULT, Michel. *Vigiar e Punir: nascimento da prisão*. Petrópolis: Vozes, 1987.

[130] FOUCAULT, Michel. *Vigiar e Punir*.

Como podemos comunicar criticamente a seriedade da estética na crise da representação? Como poderíamos pontuar a interarticulação entre a violência da representação e o fardo da vivacidade? Como o mundos-de-vida-estética nos conduzem para novas construções de estar vivo/viver, modos desconhecidos de remodelar a existência?

Tal qual a violência do quadro governante, o fardo da vivacidade nunca é removido da institucionalização da estética. Como Tsang expressa criticamente, a violência da representação define e dirige a vida pela forma como se compreende o processo de visualização. Frequentemente conduzidos por uma noção transparente dos sentidos, tanto a crise da representação quanto o peso da vivacidade se retiram da opacidade como mecanismo estratégico para as relações sociais. Ao teorizar esse fardo, Muñoz afirma que há uma constante "necessidade de um sujeito minoritário 'estar vivo' com o propósito de entreter as elites"[131]. Isso quer dizer que a transparência do sujeito produz seu valor circulante e, ao decretar modos de diferença que atraem as elites, a voz minoritária, em todos os seus diferentes teores, é subjugada pela majoritária. Chamados a atuar no agora sem recorrer ao passado, os sujeitos minoritários também são privados do futuro. Sem futuro e sem olhar para o sujeito como um sujeito histórico, a crise da representação, por meio dos corpos e da estética, delimita as condições de possibilidade de cooperação. Na verdade, o fardo da vivacidade torna-se a própria crise de representação que todos as revoltas procuram abolir.

Ao insistir nas histórias e no futuro daqueles que não são contados e/ou considerados, as práticas coletivas de Patricia

---

[131] MUÑOZ, José Esteban. *Disidentifications: queers of color and the performance of politics*. Minneapolis: University of Minnesota, 1999, p. 182.

Nguyen rejeitam tais fardos de vivacidade e categorias de representação engenhosas. Trabalhando contra a separação entre estética e política, Nguyen vê sua conexão como inerentemente simbiótica, enquanto viaja por diversos espaços culturais e encontra sujeitos que devem lidar com histórias cotidianas de violência e trauma. Em uma entrevista sobre sobreviventes do tráfico sexual na fronteira do Vietnã com a China, Nguyen revela como colaborou com grupos de mulheres de minorias étnicas e origens indígenas, atravessando barreiras linguísticas e educacionais para criar um grande mural que reúne suas histórias singulares em uma voz coletiva[132]. Para Nguyen, é precisamente a prática estética de produzir um projeto comum que ajuda a superar as divisões e diferenças entre pessoas díspares.

Em um trabalho posterior em que colaborou com sobreviventes de tortura policial em Chicago, Nguyen, junto com o colaborador e cofundador do Axis Lab, John Lee, projetou o *Chicago Torture Justice Memorial Project* para privilegiar as histórias dos sobreviventes. O mais importante para esses sobreviventes foi a inclusão visível de seus nomes e manifestos no *site*. Nguyen e Lee imaginaram um "antimonumento monumental"[133] funcionando como um arquivo para a luta por reparações, ao mesmo tempo em que oferecia um espaço comunitário para os organizadores.

Nguyen descreve sua abordagem para o envolvimento da comunidade como "enraizada em estudos de performance, teoria feminista de mulheres de cor e pensamento radical negro", juntamente com sua firme crença "no poder da produção

---

[132] LAS TESIS, Un violador en tu camino.

[133] NGUYEN, Patricia. Building a monumental anti-monument: the Chicago torture justice memorial, *The Funambulist*, 2019, <https://thefunambulist.net/articles/ building-a-monumental%E2%80%A8anti-monu- ment-the-chicago- -torture-justice-memorial-by-patri- cia-nguyen>.

cultural para moldar nossos futuros coletivos", indo de "comunidades não brancas da classe trabalhadora às lutas transnacionais resilientes pela libertação"[134]. Por meio da performance e da arte visual, da análise do movimento e do teatro, essas conexões unem o sentimento humano e curam o trauma por meio da fortaleza da estética. Nguyen observa que sua prática é fundamentada na "crença de que a luta política é uma performance coletiva de longa duração realizada por gerações"[135]. Em seu caráter multitudinário, essa performance coletiva longeva mobiliza a estética para tornar visível um conjunto de histórias, pois todas as colaborações de Nguyen com outros são, essencialmente, atos de catarse.

Ao enfrentar a violência do Estado por meio da narrativa, Nguyen reordena o precedente histórico e pergunta deliberadamente: "qual é o nosso papel como produtores culturais diante da guerra contínua, da brutalidade policial, do encarceramento em massa e da pobreza na história de nossa nação?"[136]. Incapaz de desconectar ativismo, arte e academia, Nguyen traz à tona sua solidariedade emaranhada em todos os seus projetos e performances.

Segundo Nguyen, solidariedades emaranhadas se estendem para além das relações humanas. Combinando criticamente diferentes materiais e elementos para ligar o ser humano à terra, suas performances precipitam ressonâncias ecológicas. Em uma obra que ressalta o que ela chama de "materialidades do confinamento"[137], Nguyen entrelaça coreografia, iluminação,

[134] NGUYEN, Statement, *The Funambulist*, p. 46.
[135] NGUYEN, Building a monumental anti-monument, p. 51.
[136] NGUYEN, Building a monumental anti-monument, p. 50.
[137] NGUYEN, Patricia; LUDES, Jim; MILLER, G. Wayne. *Story in the public square*: Season 3, The Pell Center, Newport, 21 de outubro de 2019, <https://www.youtube.com/watch?v=QG- pGb67mfto>.

piso de concreto e uma manta de mylar em sua performance *Echos*[138]. Nguyen cobre seu corpo com a manta de mylar e rola vigorosamente no chão, produzindo um terreno móvel de luzes prateadas e coloridas que expressam como todo o material é entrelaçado e vivenciado simultaneamente por quem está confinado. Em cada curva da esquerda para a direita, ela retrata a coerção do refugiado do Sudeste Asiático, bem como uma paisagem marítima e outra que reflete o corpo do refugiado em suspensão espacial com todos os elementos do mundo. As particularidades estéticas e performativas dessa peça captadas em vídeo impressionam o espectador com os empreendimentos sensoriais completos daqueles enredados pelo Estado. Enquanto Nguyen balança de um lado para o outro, seu rosto extrapola a cena, o espectador sente o cerco apertado que impede coletivamente os despossuídos de escapar de sua prisão cotidiana.

Seu trabalho é um conjunto de solidariedades elementares, recalibrando o potencial de ser e de respirar juntos, de resistir às aflições da representação e da vivacidade por meio da solidariedade ecológica.

A vida em conjunto é uma prática de conectividade rigorosa entre os mundos-de-vida-estética. É a recusa ativa de viver separado, permanecendo parte, sendo parte, partícula do vazio. Trata-se também de não ser a exceção. O excepcionalismo é sempre um projeto anti-anticolonial. Essa dupla negativa, como adverte Tsang, reconhece que enquadrar algo é cortar, pois o corte é mais do que apagamento: é um ponto de entrada em outra coisa e uma fuga simultânea de tudo mais, uma espécie de fuga captada não apenas na tela, mas vivida na vida cotidiana.

[138] NGUYEN, Patricia. *Untitled*, em *Groundlings*, Museum of Contemporary Art, Chicago, março de 2019. NGUYEN, Patricia. *Echoes*, em *Upheavals*, Defibrillator Gallery + Zhou B Art Center, Chicago, setembro de 2019.

Como convocam esses mundos-de-vida-estética, abrir um corte no mundo é refazê-lo intimamente, não pela singularidade de um sentido, mas pelas complexidades do *sensorium*. Os sentidos nunca são afastados das cenas sociais que os invocam, ao contrário, trabalham em conjunto. Ou seja, o mundo-de-vida-estética é um mapeamento sensorial e afetivo ativo que sublinha como a existência se dá por meio de um "conjunto dos sentidos"[139]. Como argumenta Moten, é possível criar uma distinção entre o "conjunto do sentido" e o "conjunto do social"[140]. Moten afirma que "há uma sociabilidade dos sentidos – que é uma formulação que Marx faz quando os sentidos se tornam teóricos em sua prática..."[141].. Enfatizando a natureza indissociável entre o multissensorial e o multissocial, Moten, ao se voltar para Marx, entende que quando atentamos criticamente para os sentidos, como teóricos, vamos "na contramão de formulações comuns que as pessoas fazem sobre a experiência estética e sobre o lugar da experiência estética na formação do sujeito"[142]. Para nós, os sentidos abrigam a potencialidade de novas ordens sociais à medida que o conjunto divulga as intenções sérias da estética. Nunca afastado das condições do social e do sujeito, o mundo-de-vida-estética regenera o fôlego global.

Esses conjuntos são inseparáveis do estudo do mundo e integram o mundo-de-vida-estética, no qual o social, o psíquico e o material se ligam ao sentimento e à ação. Ou, como mostram Tsang, Nguyen e inúmeros outros artistas/ativistas/

---

[139] Fred Moten e Jarrett Earnest, *The Brooklyn Rail*: Critical Perspectives on Art, Politics, and Culture, novembro de 2017, <https://brooklynrail.org/2017/11/art/FRED-MOTEN- with-Jarrett-Earnest>.

[140] Fred Moten e Jarrett Earnest.

[141] Fred Moten e Jarrett Earnest.

[142] Fred Moten e Jarrett Earnest.

acadêmicos, entender os sentidos como o social, como um exercício do conjunto, é contrariar os limites do ver, do saber e do fazer. Entretanto, é também contornar os limites da representação e da vivacidade, ultrapassar suas crises e violências para concretizar formações disformes emaranhadas.

O conjunto é sempre o fluxo e o influxo do encontro, a saudação dos espíritos e o acordo tenaz de sentir fome juntos enquanto se persegue um som, um olhar, um tempo, uma rima, uma explosão vívida, um voo para uma aparição e um desaparecimento.

Orquestrar

Orquestrar é mobilizar coordenadas divergentes. O arranjo da linha de baixo que não se deixa intimidar pela melodia; o acorde maior e a tonalidade menor com registros variados e alterados, puxados pela tração dinâmica. Do peso de uma batida profunda à expressão sombria de um sentimento abismal, a mudança da partitura principal desordena o arranjo.

Reunindo corpos, sentimentos e punhos, a orquestração é onde o enxame e o conjunto multiplicam a partitura; e sua união discrepante é visual, táctil. Uma composição cinestésica de instrumentos afinados e tonificados – todas as notas, grandes e pequenas, ajustando as mudanças de tom contra o pano de fundo de um sibilo iminente. Do trompete ao trombone, o som remete ao corpo, assim como o corpo duradouro instila e altera os compassos da composição.

Pensemos em Louis Armstrong soprando uma nova ordem social para liderar a banda: em sua respiração, uma contração facial, o trompetista sabe quando disparar improvisadas vibrações. Ouçamos o trompetista Satchmo a berrar com elegância sonora, para depois saudar a banda, pois o solo acabou: esta é uma exegese para a vida, na qual os sons deixam os corpos se imporem. Não há *solo sem companhia*, nem disco tocando sem o músico; corporeidades em primorosa colaboração movida pela prática de praticar em si mesma.

As composições e improvisações diafragmáticas únicas de Armstrong alteraram irrevogavelmente a paisagem sonora planetária. Sua transformação épica e duradoura das sonoridades do trompete fala de como os instrumentos sempre foram desconstruídos por artistas e suas orquestrações, para quebrar a militarização e a "civilização" da forma musical. As intervenções estéticas de Armstrong incluem alterações de música, som, sentido e voz; ele produziu inúmeras colagens, correspondências e duas autobiografias. Arquivista prolífico, ele caracterizava sua escrita como "lacunas", mobilizando registros múltiplos por meio de usos inusitados de pontuação, sublinhados e elipses de comprimento variável. Do trompete à máquina de escrever, Armstrong aparentemente "deleitava-se em apropriar-se da tecnologia da racionalização"[143], cuja escrita pode ser lida como a usurpação da "tecnologia racional do intervalo ('lacunas' – no sentido em que a máquina de escrever estrutura e espacializa um acesso à linguagem)"[144]. As práticas de pluralismo improvisado de Armstrong, por meio da multimídia, derrubam as divisões entre alta e baixa cultura, estruturas de classe e registros formais e, em seus entrecruzamentos, atravessam as lacunas entre os domínios da cultura transnacional.

Ao quebrar o sistema de pontuação para superar a violência do Império, Armstrong é apenas um exemplo em uma série de artistas e criadores insurgentes que se apropriam da instrumentação colonial e de tecnologias racionais por meio de modos performativos de alteridade. Como a orquestração de novos sons, essas práticas anticoloniais ocorrem em um *continuum* fragmentado, e é tarefa do ouvinte (leitor) decifrar a ordem sequencial de conteúdo e um contexto nas lacunas da forma reanimada.

A ordenação social da vida humana ocidentalizada funciona historicamente por meio da estruturação apropriativa

---

[143] EDWARDS, Brent Hayes. *Epistrophies*: jazz and the literary imagination. Cambridge: Harvard University, 2017, p. 47.

[144] EDWARDS, *Epistrophies*, p. 47.

da militarização logística, e tal operação é uma montagem orquestrada trabalhando para a servidão capitalista. Na poética da revolta de Aimé Césaire, a luta proletária contra tais orquestrações é determinada pela luta colonial. Ele se refere ao "problema colonial" como o dilema que essencialmente cria a equação "colonialismo=coisificação"[145]. Ao notar as "*possibilidades* extraordinárias dizimadas"[146] do mundo pela violência colonial, Césaire aponta para as conexões entre o colonialismo e a "proletarização" – esta última trabalha para transformar súditos em mercadorias trabalhadoras e "civilizadas". Simultaneamente anticapitalista e anticolonialista em seu diagnóstico sobre a eterna aflição da civilização ocidental, o tratado de Césaire confronta a doença que é o empreendimento colonial.

O poder libertador da revolta anticolonial, na visão de Césaire, ocorre por meio de orquestrações que não se conformam com o "particularismo estreito"[147]. Trabalhando entre a dialética do particular-universal, Césaire diz que também não "pretende se perder em um universalismo descorporificado", pois tem uma "ideia diferente do universal"[148]. O universal de Césaire é "rico em tudo que é particular, rico com todos os particulares que existem, no aprofundamento dos particulares, na coexistência de todos eles"[149]. Enfurecendo-se poeticamente contra o lucro universal da civilização europeia impulsionado por hierarquias raciais, Césaire anuncia como, em sua

---

[145] CÉSAIRE, Aimé. *Discurso sobre o colonialismo*. São Paulo: Veneta, 2020.

[146] CÉSAIRE, Aimé. *Discurso sobre o colonialismo*.

[147] KELLEY, Robin D. G. *Uma poética do anticolonialismo*. In: CÉSAIRE, Aimé. *Discurso sobre o colonialismo*.

[148] KELLEY, Robin D. G. Uma poética do anticolonialismo.

[149] KELLEY, Robin D. G. Uma poética do anticolonialismo.

aversão à coexistência de particulares profundos, o fascismo é inerente às atrocidades coloniais.

Se as convenções "civilizadoras" das orquestrações ocidentais colonizadoras são ritualizadas, seguindo uma ordem hierárquica-padrão de instruções de uso, mestres e instrumentos principais, as orquestrações de Césaire e Armstrong são aquelas que continuam a "dar corpo" às particularidades coexistentes, enquanto desafiam as condições materiais da mercantilização e do trabalho alienado. Ao pensar como Césaire e Armstrong, o que significaria advogar por mundos-de-vida-estética que declinam os rótulos monolíticos da ordem social e que, em sua rejeição à coisificação, galvanizam resistências militantes, poéticas e sonoras?

Orquestrar é pontuar o rearranjo, planejando, com os elementos do mundo, produzir um efeito desejado que nos levará *ao futuro do futuro* apenas imaginado.

Os mundos-de-vida-estética que imaginamos ressoam com composições mundanas para abolição e libertação. Tomemos, por exemplo, o Exército Zapatista de Libertação Nacional em Chiapas no México, que pede "um mundo em que caibam muitos mundos"[150]. Engajando-se no que Manolo Callahan chama de "pesquisa convivial"[151], os hábitos de reunião no coração do zapatismo vão além da mera crítica para elaborar ferramentas coletivas para segurança, convívio e sustento comunitários. Diante do paramilitarismo global, o zapatismo requer uma mudança da simples solidariedade

[150] CONANT, Jeff. What the zapatistas can teach us about the climate crisis. *Foreign Policy in Focus*, 3 de Agosto de 2010, <https://fpif.org/what_the_zapatistas_can_teach_ us_about_the_climate_crisis/>.
[151] CALLAHAN, Manuel. In defense of conviviality and the collective subject, *Polis – Revista Latinoamericana*, n. 33, 2012, <https://journals.openedition.org/polis/8432>.

para a ação direta. As obrigações coletivas são aquelas que conspiram (planejam e respiram) juntas para se organizar contra estados letais de guerra em curso.

As operações militantes dos zapatistas são definidas por orquestrações totalmente mascaradas nas quais identidades singulares e papéis de liderança são deixados de lado pela idealidade e ação direta ou, como declaram, *"para todos todo, para nosotros nada"*[152] ("tudo para todos; nada para nós"). O *slogan "para todos todo, para nosotros nada"* celebra a coexistência de todos as particularidades ao mesmo tempo em que abole a voz subjetiva que fala em nome de um "nós" separatista. Esse *slogan* "é tão contrário a qualquer coisa, que qualquer um de *nós* – os indivíduos famintos por recursos do chamado Primeiro Mundo – jamais pensaria em exigi-lo"[153]. Há uma lembrança crucial para a organização planetária contra as mudanças climáticas hoje: "ninguém nunca se rebelou pela austeridade. No entanto, sem nos sentirmos enganados, precisamos construir nossa capacidade de viver de acordo com outro velho ditado: o suficiente é melhor do que um banquete"[154]. Movimento anticolonial e anticapitalista que se opõe ao nosso atual não futuro em nome de um mundo ecologicamente saudável, formado por muitos mundos.

Insistir em termos como anticolonialismo e anticapitalismo é procurar saídas da contenção temporal e espacial ocidental. É recusar a confiança da modernidade no tempo e na cronologia lineares como estruturas dominantes que perpetuam a ilusão de desenvolvimento global e progresso histórico. É resistir aos rótulos epistemológicos, ontológicos

---

[152] CONANT, What the zapatistas can teach us.
[153] CONANT, What the zapatistas can teach us.
[154] CONANT, What the zapatistas can teach us.

e genealógicos que compartimentam o empreendimento colonial em pós-colonial, decolonial, neocolonial, colonizador-colonial, primeiro mundo desenvolvido e terceiro mundo em desenvolvimento. E é desemaranhar a política espacial embutida em cada prefixo, de modo que contextos geográficos e discursivos (por exemplo, pós-colonial: Índia, decolonial: América Latina, colonizador-colonial: EUA e Austrália) não sobredeterminem um projeto anticolonial síncrono, no qual a ressonância multidirecional embaralha as orquestrações temporais e espaciais tradicionais.

Orquestrar a solidariedade e a ação direta é colocar pressão constante sobre esses termos, sublinhando como o prefixo *pós* muitas vezes marca uma falha temporal em sua contenção espacial. Se o prefixo pretende ser um marcador temporal, mas na verdade funciona como marcador espacial, qual é o projeto plural do anticolonialismo em regiões sem fronteiras? Para ser claro, a organização formativa sem forma resiste à essencialização ou à fusão das lutas anticapitalistas. As orquestrações informadas pela ressonância contêm toda uma miríade de lógicas culturais, contradições internas e lacunas entre elas que sustentam histórias e experiências particulares do colonialismo e do império. No entanto, como as representações internas à lógica capitalista das estruturas de classe são sempre já racializadas, generificadas e sexualizadas, as formações anticoloniais e anticapitalistas consistem em praxes que buscam abolir relações sociais e econômicas capitalistas sistêmicas, em uma coalizão orquestrada de reconstrução por meio de imbricações discrepantes de materialidade.

As estruturas coloniais cultivam a forma, definindo a exceção, a propriedade contextual, o valor, a permissão e a recusa de "consentir em não ser um único"[155]. Uma orquestração anticapitalista é a antítese do excepcionalismo, visto que o excepcionalismo orquestrado sempre foi o primeiro princípio do fascismo, o primeiro impulso motivador do singular. Ao localizar conexões radicais e deliberadamente decretar esses tipos de arranjos discrepantes, a ressonância é nosso método orientador. O que pode parecer com inconsistências na lógica ou em relações objetais desajeitadas é, na verdade, um ato intencional tanto do *éthos* quanto da epistemologia. Em outras palavras, subverter as linhas que separam nossos campos de estudo anticoloniais e anticapitalistas significa orquestrar uma forma de migração monstruosa.

Até que as condições de possibilidade para um futuro encorajem existências multiversais, o futuro sempre será prejudicado pela política mortal e entrelaçado pelo colonialismo e pelo capitalismo. Ao contrário da ideia de que o anticolonial e o decolonial são lados diferentes da mesma moeda, eles abrigam propriedades ideológicas únicas, nenhuma das quais deve ser usada como metáfora. "Como o colonialismo dos colonos é construído sobre uma estrutura tríplice e emaranhada de colono-nativo-escravo, os desejos de coloniais brancos, não brancos, imigrantes, pós-coloniais e pessoas oprimidas podem ser igualmente emaranhados em reassentamentos, reocupações e re-habitaçõwa que, na verdade, perpetuam o colonialismo dos colonos"[156]. A competição para sobreviver no capital competitivo é o que promove o "colonialismo dos colonos". A metaforização da descolonização torna possível um conjunto de evasões ou de "movimentos do colono para a

---

[155] MOTEN, Fred. *Black and blur*. Durham: Duke University, 2017, p. vii; *The universal machine*. Durham: Duke University, 2018, p. 112.

[156] TUCK, Eve; YANG, K. Wayne. Decolonization is not a metaphor. *Decolonization: Indigeneity, Education & Society*, v. 1, n. 1, 2012, p. 1.

inocência" que tentam problematicamente "reconciliar a culpa e a cumplicidade do colono e resgatar a sua futuridade"[157]. Isso também significa dizer que a preservação do colonialismo depende de trabalhar em uma identidade estabelecida (*settled*) como propriedade do próprio capital.

Os sons dos aparatos opressivos e colonizadores da forma estão por toda parte: identidades, tempos, campos, métodos, disciplinas, interações, gêneros, histórias e até movimentos. Frequentemente indexada visualmente, a forma depende da facticidade para definir, separar e catalogar; no entanto, um *sensorium* ressonante desfaz a visão em benefício do pleno. Se o filo é a ordenação de todas as classes compostas de particularidades infinitamente materializadas no *plenum*, então o *plenum* do olho pineal da racionalidade ocidental é incapaz de perceber como a ressonância sente.

Escrevendo durante a pandemia de 2020, a Ação Indígena adverte em *Repensando o apocalipse: um manifesto indígena antifuturista* que o colonialismo "infectou todos os aspectos de nossas vidas, sendo responsável pela aniquilação de espécies inteiras, pela intoxicação dos oceanos, do ar e da terra, pelo corte raso e pela queima de florestas inteiras, pelo encarceramento em massa, pela possibilidade tecnológica de acabar em uma guerra mundial e elevar as temperaturas em escala global, esta é a política mortal do capitalismo, é a pandemia"[158]. O capitalismo é uma doença mortal que aumenta sua força por meio de constantes atos de violência contra indígenas e toda forma de vida. Baseia-se na morte de indígenas e na destruição de espécies inteiras graças à engenharia

---

[157] TUCK; YANG, Decolonization is not a metaphor, p. 4.

[158] Rethinking the apocalypse: an indigenous anti-futurist manifesto, Indigenous Action, 19 de março de 2020, <http://www.indigenousaction.org/rethinking-the-apocalypse-an-indigenous-anti-futurist-manifesto/>.

do tempo e à propagação da aniquilação; "é o apocalipse atualizado. E com a única certeza de ser um fim mortal, o colonialismo é uma praga"[159]. Se o colonialismo é uma praga e o capitalismo a pandemia, então suas infecções emaranhadas são os princípios organizadores da tentativa de dizimar a vida indígena, que se recusa a desaparecer em nome do lucro[160].

A Ação Indígena é certeira ao atestar o não futuro dos mais vulneráveis. A enxurrada pandêmica viral da década de 2020 afirma a velocidade mortal/imortal da catástrofe. Enquanto não se tem a capacidade de superar a veracidade da tensão, nossa concepção vulgar da excepcionalidade humana presume monitorar a velocidade do amanhã. Os vírus, como a poluição, funcionam de forma rizomática e galáctica; não obedecem às regras humanas de tempo e ordem espacial e, ainda assim, revelam as disparidades de riqueza e opressão de classe sob o consumismo de luxo e o capitalismo racial. Embora pareça que a única fronteira do vírus sejam seus sintomas, o poder adormecido e assintomático do contágio contesta essa lógica.

Ao ver a visão ancestral como ultrapassada, vivendo no passado das ideias pré-modernas, o colonizador privilegia o valor corporativo em detrimento de um futuro multiversal. Entretanto, a Ação Indígena quebra essa falácia ao expressar que "eles (os ancestrais) entenderam que o apocalíptico só existe em absolutos. Nossos ancestrais sonhavam com o fim do mundo"[161]. Em outras palavras, a percepção e o conhecimento ancestral já previam a vida contemporânea e seus

---

[159] Rethinking the apocalypse.
[160] SIMPSON, Audra. *Mohawk interruptus*: political life across the borders of settler states. Durham: Duke University, 2014.
[161] Rethinking the apocalypse.

movimentos no tempo, vendo o futuro antes que as elites epistemológicas saqueassem a cultura, a vida indígena e a terra sob a forma de propriedade vendável.

Isso significa que nossos inimigos costumam ser membros da mesma orquestra. Não só como a polícia colonial, mas como aqueles que procuram um lugar à mesa, uma parte dos lucros ou a nossa morte às custas das suas excepcionais carreiras; tudo isso conduzido em face de sua teoria antirrelacional sem futuro que celebra uma suposta excepcionalidade impulsionada pela mediocridade global.

Portanto, não esqueçamos que a forma é um projeto colonial. É promovida por estruturas capitalistas e coloniais incapazes de escapar de seu próprio presente indicial, que aniquila de maneira deprimente as presenças da vida futura, contornando deliberadamente as injustiças do passado e o avanço constante do colonialismo e da guerra.

No entanto, nem tudo está perdido: novas orquestrações em pluralismos transnacionais, identitários e regionais emergem constantemente. Vejamos como a Primavera Árabe de 2011 inspirou e impulsionou diretamente movimentos como os Indignados e o *Occupy*, que se seguiram à Primavera, bem como práticas surpreendentes de ajuda mútua que são continuamente orquestradas. Como em 2011, quando manifestantes da Praça Tahrir, no Cairo, pediram pizzas *on-line* para trabalhadores em greve que ocupavam a capital do estado de Wisconsin. Ou quando, em 2015, palestinos aconselharam os organizadores do *Black Lives Matter*, em Ferguson, St. Louis, sobre como lidar com gás lacrimogêneo. Um ano depois, testemunhamos veteranos militares dos EUA lutando lado a lado com guerreiros indígenas em Standing Rock.

Hoje, em 2020, as rebeliões dos EUA descarregaram profundas reverberações de raiva em todo o mundo e revelaram formas inesperadas de solidariedade, como a sabotagem de *hashtags* racistas, de comícios e dos sinais de rádio da polícia dos EUA pelos fãs de K-Pop. Essas sociedades estéticas globais de protesto são possibilitadas por "redes organizadoras de tecnologias algorítmicas do comum", que expressam "a possibilidade de cartografias alternativas do político"[162]. Os movimentos sociais, em processos contínuos de transformação, interrompem as tentativas da mídia de compartimentalizar as configurações emergentes de resistência e heterogeneidade. Por meio de práticas corporificadas que deslocam as fronteiras entre as lutas contra as proletarizações da colonização, surge um reconhecimento comum da necessidade de organizar a dissensão compartilhada.

Essas orquestrações de solidariedade, por meio de improvisações experimentais da forma, exigem a obliteração de "mapas e mapeamentos" convencionais para "tentar imaginar algo mais"[163]. Uma estética do mapeamento cognitivo[164] que reconhece lacunas e preenchimentos, ao mesmo tempo em que resiste ao deslocamento subjetivo e orquestra cartografias radicais do presente.

Nossa formação sem forma consiste em percorrer atos de ajuda mútua e ações diretas que ultrapassam a metáfora em favor de práticas orquestradas.

---

[162] ROSSITER, Ned; ZEHLE, Soenke. *Acts of translation: organizing networks as algorithmic technologies of the common*", NedRossiter.org, 7 de abril de 2013, <https://nedros- siter.org/?p=332>.

[163] JAMESON, Frederick. *Postmodernism, or the cultural logic of late capitalism*. Durham: Duke University, 1991, p. 409.

[164] JAMESON, *Postmodernism*.

Novos mapeamentos e orquestrações cognitivas excedem as condições espaciais e temporais dos Estados-nação e das diásporas. Esses mundos-de-vida-estética, traçando cartografias alternativas, são estranhos em seus cruzamentos, lacunas e inclinações descentradas.

Criar uma sensorialidade caribenha orquestrada, que modela a solidariedade transnacional e a indisciplina diaspórica, são as migrações monstruosas da dominicana, romancista *queer*, artista multimídia, compositora, modelo, musicista e trombonista Rita Indiana[165]. "Conhecido como *la montra* (o monstro feminino)"[166], as monstruosas migrações de sua banda, *Rita Indiana y Los Misterios*, confundem som, imagem e personificação por meio de arte, fusão musical e linguística. Ao demonstrar a expansão da progressão de acordes e da notação sônica, suas práticas fusionistas também acompanham as transições migratórias dos mapeamentos cognitivos estéticos da diáspora. Essas monstruosas migrações são encontradas em mudanças de tempo e em novos ritmos que acentuam as batidas galopantes do merengue, mas também em ondas de emergência que se movem nas notas e por meio de corpos de terra e água.

O vídeo da música *Da Pa Lo Do*[167], por exemplo, aborda as tensões nacionalistas específicas entre haitianos e dominicanos ao sobrepor formas estéticas musicais, históricas e visuais

---

[165] INDIANA, Rita. qtd. in *Wilda Escarfuller*, [i]AQ[/i] Interview: Rita Indiana captivates merengue fans in New York City, *Americas Quarterly*, 10 de julho de 2011, <https://www. americasquarterly.org/article/iaq-i-interview-rita-indiana- captivates-merengue-fans-in-new-york-city/>.

[166] INDIANA, Rita. qtd. in *Escarfuller*, [i]AQ[/i] *Interview*.

[167] LEONARDO, Engel. dir., *Da Pa Lo Do*, perf. Rita Indiana y Los Misterios, Premium Latin Music, 2010, <https://www. youtube.com/watch?-v=Y72XAybPTnU>.

associadas a diversas cenas culturais envolvidas na história do Caribe[168]. Indiana posiciona travessias migratórias entre o Haiti e a República Dominicana mediante a ascensão de revolução, raça, religião e sobreposições da composição musical, atuando como uma força *queer* que une nações em meio a uma longa história de violência colonial.

Mas é no videoclipe da música *La hora de volve (the time to return)*[169] que o monstro vanguardista assume dinamicamente os componentes sobrenaturais das passagens migratórias. Nesse vídeo, dançarinos voam em discos de vinil/discos voadores em uma paisagem apocalíptica no espaço sideral enquanto a artista canta sobre e em uma paisagem onírica de outro planeta, em busca de um possível retorno para casa. No entanto, onde está o lar quando as ruas nevadas da cidade de Nova York se infiltram nas veias tropicais e no trabalho entorpecido? Como é que voltar para casa não é outro termo para partir quando "seu tempo acabou, papi?"[170]. Enquanto discos de vinil e criaturas alienígenas voam para fora de sua boca cantante, em meio a uma coreografia constantemente repetida de encolher de ombros e movimentos de merengue de quatro batidas que mantêm um pulso sincopado, Indiana canta: "Pegue um avião, droga!/ Uma jangada de cabeça para baixo./ Você não vê?/ É hora de voltar!"[171].

---

[168] Para maiores informações sobre Rita Indiana e teorias sobre dominicanicidade, cf. JAIME, Karen. Rita Indiana's queer, racialized dominicanness. *Small Axe*, v. 19, n. 2, pp. 85-93, 2015.

[169] QUINTERO, Noelia. dir., *La hora de volve*, perf. Rita Indiana y Los Misterios, Premium Latin Music, 2010.

[170] Rita Indiana y Los Misterios, *La hora de volve*, El Juidero, Premium Latin Music, 2010.

[171] Rita Indiana y Los Misterios, *La hora de volve*.

À medida que seu chamado para voltar para casa avança, o próprio vídeo retorna à estética DIY da era MTV do final dos anos 1980, com sua colagem *ad hoc* e cores berrantes em meio a todas as roupas pretas. Enquanto canta "às vezes as pessoas querem se mexer/ Querem ir ver/ Como está o outro bembe/ Você saiu, levou uma pancada, veio e fez"[172], dois dançarinos de apoio muito altos se multiplicam em uma contagiante linha rítmica de muitos dançarinos, migrando estranhamente em seus movimentos, alegremente conviviais, contra-tempos retos e cenas retas. Indiana traz à tona remixagens culturais que situam a migração de terras em ficções científicas e multiversos *queer*.

Ao ouvir a política de raça, sexualidade e gênero em suas canções intergalácticas e videoclipes, podemos ouvir "seu estilo multifacetado" misturando "merengue com elementos de *hip hop*, *techno* e som afrocaribenho", incluindo *rock* e dialetos dominicanos"[173]. O mundo-de-vida-estética de Indiana orquestra linguística e cruzamentos migratórios e diaspóricos caribenhos transnacionais sônicos, informados por um emaranhado de negritude, não branquitude, indigeneidade e queeridade.

Esses estilos intercósmicos são   lacunas e mapeamentos *queer*
que desfazem a colonização   e a   corrida pelo espaço.

Ao tocar vigorosamente outros modos de diferença e gênero, Indiana comunica a plena mobilização da estranheza.

[172] Rita Indiana y Los Misterios, *La hora de volve*.
[173] INDIANA, in *Escarfuller*, [i]AQ[/i] *Interview*.

Ou, como afirma Eve Sedgwick, o termo *queer* pode ser aplicado à "malha aberta de possibilidades, lacunas, sobreposições, dissonâncias e ressonâncias, lapsos e excessos de significado quando os elementos constitutivos do gênero de qualquer pessoa, da sexualidade de qualquer pessoa, não são feitos (ou *não podem* ser feitos) para significar de forma monolítica"[174]. O uso de lacunas e sobreposições *queer* como método para interromper as criações monolíticas da formação do sujeito anima um tipo monstruoso de ressonância dissonante na escrita e na música de Indiana, enchendo todo o seu corpo de trabalho migratório.

Deformando a forma com essa definição de *queer*, somos lembrados daquilo que, muitas vezes, tem se perdido hoje nos estudos *queer*, que é: "*queer* não é um rótulo"[175], como a artista *drag* terrorista e ícone, Vaginal Davis, pode dizer. É, ao invés disso, uma coreografia intergaláctica de confusão, uso e fluxo incessante realizada no borrão desidentificador, no desvanecimento e no desaparecimento do desejo de Indiana em estilo, categoria, nação e gênero musical.

Todas as mudanças de tom e acorde na arte de Indiana são alterações para as contínuas composições *queer* da vida, nas quais suas cartografias expansivas reconhecem os intervalos na estética do mapeamento cognitivo.

Este é "o momento de retornar", no apelo ressonante de Indiana, à musicalidade cognitiva e à escrita, à colagem e ao arquivamento de Armstrong, cujo mapeamento cognitivo se manifesta *como* lacuna "porque a própria música já é, em si,

---

[174] SEDGWICK, Eve Kosovsky. *Tendencies*. Durham: Duke University, 1993, p. 8.
[175] Vaginal Davis, N-Prolenta, ¥€$Si PERSE e Urami, Cherish x Queer is not a label, Route de Saint-George 51, Genebra, 13 e 14 de março de 2020.

crítica"[176]. Ao criticar a erudição escrita sobre música, que pensa a escrita de músicos como suplementar ou *enquanto* seus sons, Brent Hayes Edwards argumenta que a própria música produz pensamento e reorganiza a produção de conhecimento[177]. O uso do escritor, o uso do som, os usos do escritor, do músico e do som, em todas suas lacunas, reorientam orquestrações recém-desordenadas. Essas reviravoltas tornam o uso *queer* "audível"[178].

Se orquestrar implica uma audibilidade que escapa à funcionalidade, então no cerne do rearranjo das questões estético-cognitivas existem outras que envolvem a performatividade da orquestração. Em suas estruturas mutáveis, as orquestrações inerentes às formações informes praticam o "uso *queer*". As práticas vitais desse uso são animações vibrantes nas quais orquestrar de modo *queer* é "o trabalho que você precisa fazer para ser"[179].

Para Sara Ahmed, *queer use* é promover e praticar um vandalismo que se recusa a "usar bem as coisas"[180]. As orquestrações vandalizantes inatas às aspirações ou formações sem forma são, seguindo Ahmed, cientes de que a "requisição para usar algo corretamente é uma exigência de reverenciar o que foi dado pelo colonizador. O Império-como-dádiva vem com instruções de uso"[181]. Assim, as ações diretas anticoloniais tratam de assumir riscos que colocam o *uso*

---

[176] EDWARDS, *Epistrophies*, p. 10.

[177] EDWARDS, *Epistrophies*.

[178] AHMED, Sara. *What's the use? On the uses of use*. Durham: Duke University, 2019.

[179] AHMED, *What's the use?*, p. 203.

[180] AHMED, *What's the use?*, p. 208.

[181] AHMED, *What's the use?*, p. 207.

queer para imaginar e ir além das instruções coloniais formais (sem ser meras críticas a elas).

As contingências de risco criam novas potencialidades e fornecem maneiras "de fazer conexões entre histórias que, de outra forma, poderiam ser consideradas separadas"[182]. Para Ahmed, esse uso *queer* da história e da forma se opõe ao "peso da história" e à contínua institucionalização de instruções de uso colonial para o pensamento. O risco envolvido nos usos *queer* do pensamento ajuda a cultivar mundos-de-vida-estética divergentes, reunindo coordenadas de diferentes artistas, pensadores, revolucionários indígenas e diaspóricos em uma formação sem forma.

Assim, o uso *queer* sempre diz respeito a uma ação direta que "depende de outras recusas prévias: uma recusa de se esvaziar de uma história, uma recusa de esquecer sua língua e família, uma recusa de abrir mão da terra ou um apego à terra, uma recusa de exercer os termos que levam ao próprio apagamento ou, para usar as poderosas palavras de Audra Simpson, 'uma recusa de desaparecer'"[183]. Não nos esqueçamos de como a própria recusa das Ações Indígenas em esquecer aponta para o fato de que seus ancestrais "compreendiam que o apocalíptico só existe em absolutos (...) sonhavam contra o fim do mundo"[184]. Ao sonhar contra o apocalipse, o uso *queer*, em seu colapso de absolutos, volta-se para a desidentificação e a recusa como estratégias, sendo que a recusa de desaparecer significa dispensar a ingestão

---

[182] AHMED, *What's the use?*, p. 198.
[183] AHMED, *What's the use?*, p. 207.
[184] Rethinking the apocalypse.

"daquilo que levaria ao seu desaparecimento: as palavras, os modos; os mundos"[185].

Como afirma Césaire, o colonialismo anula as possibilidades extraordinárias de outros fazeres, modos e mundos ao impor a proletarização, o trabalho, a mercantilização, os bens e a propriedade como instruções de uso. Se o uso *queer* é a recusa de ingerir certas coisas, então ele também é sobre como as coisas são tratadas, as maneiras pelas quais a pesquisa e o estudo conviviais "permanecem nas qualidades materiais daquilo que se supõe ignorar"[186]. É também, como sugere Ahmed, "recuperar um potencial de materiais que foram deixados para trás, todas as coisas que você pode fazer com papel se não seguir as instruções"[187]. A formação informe, em seus mapeamentos e lacunas cognitivas e estéticas, recusa-se a ingerir e a seguir as instruções de uso do império.

As cartografias alternativas e as ações diretas possibilitadas por *hacktivismos* algorítmicos e conversas e alianças transnacionais – o uso indevido da máquina de escrever, do trompete e do trombone e o uso *queer* da voz e da linguagem – constituem um arquivo ativista que "pode vir a existir por causa de uma lacuna entre o que é e o que está em uso"[188]. A recusa de usar algo propriamente, de se deixar impressionar pelas palavras, coisas, mapas, gêneros e sexualidades do colonizador, é também tornar *queer* essa lacuna "ao encontrar nos caminhos supostamente destinados à cessação uma chance de ser de outra maneira"[189]. As migrações

---

[185] AHMED, *What's the use?*, p. 208.
[186] AHMED, *What's the use?*, p. 208.
[187] AHMED, *What's the use?*, p. 208.
[188] AHMED, *What's the Use?* 208.
[189] AHMED, *What's the Use?* 208.

monstruosas de Indiana e as lacunas de Armstrong, como uso *queer*, ensinam-nos que a estética dos mapas cognitivos depende da estética das lacunas cognitivas.

As orquestrações queer são mobilizadas apenas quando as lacunas entre diferenças inseparáveis são sentidas, postas em jogo e sobrepostas, pois sem uma reverência pelas lacunas não haveria ressonância transversal, perturbação do assentamento ou malha aberta de possibilidades extraordinárias para a coexistência de particularidades.

Dimensão

"Que horas marca o relógio do mundo?", pergunta Grace Lee Boggs[190]. Oferecendo uma extensa visão das crônicas da humanidade de nosso planeta em rotação, Boggs traça as facetas sempre em mutação do tempo histórico revolucionário em um cronômetro linear. Aponta que, enquanto o relógio se move, a mudança social necessita da erradicação externa e interna de estruturas e valores capitalistas. A "organização visionária"[191] se afasta de meros protestos e indica a necessidade de uma reorganização social radical, uma reimaginação total das ordens do mundo.

A questão "que horas marca o relógio do mundo?" ressoa também como outra coisa que não uma progressão histórica. Aparentemente, invoca a coexistência de durações múltiplas em sobreposição, disparando em e mediante infinitas tangentes dimensionais. Tempo e espaço colapsam porque "o relógio do mundo" soa mais como uma ressonância planetária. Inseparável de fenômenos discerníveis, coisas imperceptíveis e suas características efêmeras, existem simultaneamente em dimensões desconhecidas.

Sentir tempos e mundos multidimensionais requer a eliminação dos modos repetitivos de representação linear e transparente. Seja localizado na historiografia, na lógica estatal ou na vida cotidiana, a representação determina e demanda estruturas reproduzíveis. Performando dimensionalmente mas evoluindo unilateralmente, a inescrutabilidade tranquila

---

[190] MIRZOEFF, Nick. Boggs standard time: in Detroit and beyond, *Waging Nonviolence*, 27 de janeiro de 2014, <https://wagingnonviolence.org/2014/01/boggs-standard-time-detroit-beyond/>.

[191] MIRZOEFF, Boggs standard time.

da representação requer de nós que imaginemos o que significaria ser entendido fora de seus sistemas determinantes.

Um reconhecimento da complexidade dimensional significa compreender a simultaneidade de muitos tempos em muitos mundos, entendendo que a representação progressiva não é a consequência definidora da existência revolucionária. Baseando-se em Gayatri Spivak, os autores de The undercommons nos lembram que o primeiro direito é o direito de recusar o que nos foi recusado[192]. Tal recusa pode auxiliar a nos retirarmos de anais, políticas e objetivos dimensionais (temporais e espaciais) calcificados. A representação é frequentemente mediatizada como um significante oco, um simulacro que opera enquanto um retrato reproduzido, uma semelhança em forma que lembra algo, mas nunca é matéria. De algumas paredes de galerias a todos os quartéis de polícia, a maioria dos rascunhos (*sketches*) são reduções circunstanciais que tentam alcançar e vender superficialmente o que escapa à apreensão. Essa dimensão de imagens, infelizmente, também está sob o controle de muitas formas repetitivas de organização. Até mesmo a resistência passa a se entender por meio da representação: nós somos o que eles não são; e eles são o que eles nunca serão. O poder compra essa quase-entidade em que o humano = coisificação (*thingification*).

Dessa maneira, a representação pode frequentemente ser uma armadilha assassina, dado que toda instituição é governada pela instauração da representação, que é, por sua vez, inseparável da reprodução institucional da antinegritude e da antialteridade.

---

[192] MOTEN, Fred; HARNEY, Stefano. *The undercommons*: fugitive planning & black study. Chico: AK, 2013.

Atacando e desmantelando tais sobrerrepresentações ocidentais, Sylvia Wynter afirma a importância de "acordar nossas mentes" mediante uma prática de leitura anticolonial[193]. Como ela nota, a educação colonial insiste em amarrar classificações científicas do ser humano a concepções do homem ocidental; essas representações categóricas levam a múltiplas catástrofes condicionadas pela aceitação fechada da existência categorial: "Todas as nossas lutas do presente em relação à raça, à classe, ao gênero, à orientação sexual, à etnicidade, aos conflitos ambientais, ao aquecimento global, à severa mudança climática, à aguda distribuição desigual dos recursos da Terra [...] essas são todas facetas diferentes da luta de etnoclasse central, Homem *versus*. Humano"[194]. Escorados na transmissão do conhecimento científico, os desastres em andamento são acelerados pelas categorizações de "ser humano" construídas pelo Ocidente e suas perenes medições e reproduções institucionais.

O modelo intelectual anticolonial proposto por Wynter compreende e enfatiza o "ser humano como práxis" e convoca ao necessário reencantamento dessa práxis, um reencantamento tornado possível por meio de uma nova ciência e de uma inscrição da própria forma[195]. Partindo de Césaire, ela nos lembra: "Seres humanos são mágicos. *Bíos* e *lógos*. Palavras se fazem carne, músculos e ossos, animados pela esperança e pelo desejo, crenças materializadas em atos, atos

[193] SCOTT, David. The re-enchantment of humanism: an interview with Sylvia Wynter, *Small Axe: A Caribbean Journal of Criticism*, v. 4, n. 2, 2000, p. 123.

[194] WYNTER, Sylvia. Unsettling the coloniality of being/power/truth/freedom: towards the human, after man, its overrepresentation – an Argument. *The New Centennial Review*, v. 3, n. 3, 2003, pp. 260-261.

[195] WYNTER, Sylvia; MCKITTRICK, Katherine. Unparalleled catastrophe for our species? Or, to give humanness a different future: conversations. In: WYNTER, Sylvia. *On being human as praxis*. Ed. Katherine McKittrick. Durham: Duke University, 2015, p. 23.

que cristalizam nossas atualidades [...] E os mapas da primavera sempre precisam ser redesenhados novamente, em formas ainda não ousadas"[196]. Dimensões ainda não ousadas, desconsiderando formas capitalistas e coloniais, o ser humano, como práxis composicional encantada, expressa a cristalização mágica da existência inventiva.

As práxis anticoloniais do constante redesenhar de formações sem forma são aquelas que reconhecem a figura do humano como correlacionalmente *bíos* e *mythói* (biológico e cultural) – um ser criativo, orgânico, encarnado, cognitivo que "é *autor* do escrito estético da humanidade"[197].

Incomodando a divisão entre ciência e criatividade, Wynter se volta para os saltos cognitivos que conectam criatividade negra e saberes científicos diferentemente imaginados, que oferecem uma concepção incompleta do ser humano. Em sua crítica ao racismo científico, Wynter insiste em se distanciar da sobrerrepresentação do Homem como uma categoria oposicional, que determina a própria resistência. Em outras palavras, isso significa se dedicar a trabalhos criativos que não estejam investidos em uma adesão conformista ou em uma recusa oposicional simplista relativa à sobrerrepresentação do Homem?

Em seu estudo sobre o reencantamento do "ser humano como práxis", Katherine McKittrick traça a maneira como o compositor, letrista e guitarrista Jimi Hendrix performa o trabalho criativo de uma *bíos* e um *mythói* correlacionados, um "ciênci-ar (*science-ing*) dos contornos biológicos do huma-

---

[196] WYNTER, Sylvia. The pope must have been drunk, the king of castile a madmen: culture as actually and the caribbean rethinking of modernity. In: *Reordering of culture*: Latin America, the Caribbean and Canada in the hood, eds. A. Ruprecht e C. Taiana. Ottawa: Carleton University, 1995, p. 35.
[197] MCKITTRICK, Katherine. Axis, bold as love. In: WYNTER, *On being human as praxis*, p. 160.

no"[198]. Os sons cósmicos de Hendrix liberam "um eixo recém dobrado", no qual as dimensões científicas do ser humano se sobrepõem com formas sônicas nunca ousadas no presente tecnológico, provendo em suas aberturas sonoras de sistemas composicionais fechados, "uma poética-política do amor futuro"[199]. Ouvindo os eixos (*axes*) de Hendrix em seu álbum de estúdio de 1967, *Axis: bold as love* (que também é o título de seu ensaio), McKittrick entende a manipulação inventiva dos sons da guitarra por Hendrix como algo que permite uma "alterabilidade da humanidade (*humanness*)"[200]. A autoria de *scripts* estéticos para reescrever delineações científicas do ser humano corresponde à criação de novas dimensões livres de existências binarísticas. As auralidades ressonantes de Hendrix são atos criativos de formas jamais ousadas, ricocheteando pelo multiverso de (pr)áxis, *téchnes* e sentimentos, metamorfoseando-se.

A formação sem forma afirma o reencantamento da vida como invenção multidimensional em curso e produção de ruído (anti)fundacional.

Por sua vez, a força colonizante dos modos de representação do capital determina "valor" e busca consumir toda obscuridade ruidosa; cresce e lucra transformando invenção em inovação lucrativa, forçando a representação reprodutível em todo excedente inato. Como mostra Marx, o valor não é uma coisa, mas um conjunto de relações sociais. Surgido com o trabalho (*labor*) de diferentes indivíduos que laboram sob um sistema generalizado de produção e troca de mercadorias, o valor "não é nada além da relação definida entre os próprios homens que assumem aqui, para eles, a forma fantástica de re-

---

[198] MCKITTRICK, Axis, bold as love, p.160.

[199] MCKITTRICK, Axis, bold as love, p.160.

[200] MCKITTRICK, Axis, bold as love, p.160.

lação entre coisas"[201]. O valor como forma relacional fantástica e sua representação material no dinheiro corresponde a um processo capitalista socialmente determinado pela correlação entre a compra do trabalho, o poder e os meios de produção.

A produção do valor calculável, sob a forma universal da quantidade, precisa sempre reproduzir a si mesma em nome da reprodução: "Capital é dinheiro, capital são mercadorias. Por ser valor, ele adquiriu a habilidade oculta de adicionar valor a si mesmo"[202]. O dinheiro é a representação material do valor; se não houver mercado e nenhum poder de compra, não há valor. Essa contradição em *looping* corresponde, em essência, à captura das relações sociais e à desintegração de todas as ecologias humanas e mais-que-humanas fora dessa sobrerrepresentação dominante e unidimensionalmente materializada.

As contradições internas do capital revelam a multidimensionalidade inerente à espiralidade unidimensional da acumulação capitalista.

O poder representacional unidimensional do capital é marcado pela materialidade. (Pr)áxis anticoloniais reencantadoras são necessariamente traídas, pois uma adesão às ordens dimensionais do capitalismo frequentemente correspodem ao único caminho para a sobrevivência. Dólares, *cents* (*sense*/sentido) e números representam nossa exaustão. É imperativo, como diz Wynter, que "a grana pare conosco"[203].

Se, enquanto o relógio gira, a grana precisa parar, então, em sua amorfia (*formlessness*) fantástica, as organizações não capitalistas precisam de conversações filosóficas sobre o

---

[201] MARX, Karl. *O Capital* (Livro 1): Crítica da economia política. São Paulo: Boitempo, 2011.
[202] MARX, Karl. *O Capital* (Livro 1): Crítica da economia política.
[203] WYNTER, Unsettling the coloniality, p. 331.

papel da imaginação no arranjo e na configuração dos *scripts* estéticos e das práticas revolucionárias necessárias para lidar com as necessidades e as condições materiais. Isso também significa, necessariamente, integrar simultaneamente questões filosóficas relativas à sobrerrepresentação dimensional histórica do tempo, da matéria e do espaço.

Em outras palavras, como são estabelecidas tanto formas capitalistas quanto formações oposicionais, aspiracionais e anticapitalistas, respectivamente impulsionadas, gerenciadas e cerceadas por compreensões temporais que são, elas mesmas, coloniais? Como se dão o passado e o futuro no relógio do mundo presente? Como o colonial é um "projeto de *looping* temporal" e "um estado ativo no aqui e agora, espiralando para frente e para trás em si mesmo, como se o tempo nunca tivesse parado de girar (*stopped ticking*)[204]? Como é a experiência material da "arruinação" vivida sob a foma de processo no qual poderes imperiais ocupam o presente[205]? Como são as visões de mundo anticapitalistas contemporâneas não assimilativas, que escapam à representação sempre já ativa em nosso presente capitalista? Essas questões atrapalham uma a coerência possível da reprodutibilidade. A força propícia da representação é ligada à historicidade humana e à aceleração da acumulação.

A repetição exaustiva da hegemonia histórica capitalista demanda um desmantelamento de sua lógica dimensional do espaço e do tempo a ser aberta pela ressonância. Em todos os sistemas representativos, signos começam e terminam conosco. A linguagem é representacional; todas as escritas

---

[204] RUIZ, *Ricannes*, p.3.
[205] STOLER, Ann Laura. *Imperial debris*: on ruins and ruination. Durham: Duke University, 2013.

alfabéticas são formas de comunicação. A representação não pode desaparecer por completo. É sua rima e a razão predominantes que devem ousar mudar para abrir espaço a todas as possibilidades existentes em dimensões desconhecidas.

Como sugere o título de um dos álbuns de Sun Ra, o desconhecido é testemunhado no nascer do sol em diferentes dimensões (*Sunrise in different dimensions*). Ra nota que a "natureza nunca perde nada"[206]. Convencido de que o desconhecido está fora da repetição, ele afirma que "a história se repete sucessivamente, mas um pôr do sol não se repete, um nascer do sol não se repete"[207]. Rotações planetárias se repetem em diferença sutil ou súbita; ressonâncias omniversais são partes e parcelas de existências multiversais e seus detalhes nos lembram que ontem nunca é exatamente hoje. Encontradas nas mutantes profundezas do horizonte, na luz contra seu contorno ou na cintilante cor do oceano, são as brilhantes efemeridades da constante diferença dimensional.

A filosofia do desconhecido de Ra requer o conhecimento desse desconhecido. Colocando de outra forma, as representações biopolíticas e necropolíticas capitalistas da vida e da morte estão presas em um desejado futuro em *looping*, que imobiliza a transcendência do sujeito por sua transparência. Sua obsessão é, na verdade, um amor pelo poder em nome da morte com o rosto da vida. A formação sem forma se move para o futuro do futuro, o passado do passado: o que acontece após você imaginar o que irá/não irá acontecer, o que já/não aconteceu? Esse momento é convocado por Ra em seu poema "Nós precisamos não dizer não a nós mesmos", da coleção *The*

---

[206] MUGGE, Robert. dir., *Sun Ra:* A joyful noise, 1980.
[207] MUGGE, Robert. dir., *Sun Ra:* A joyful noise, 1980.

planet is doomed[208]. Um chamado pela necessária sincronização e ressonância com uma "ação maior", uma "dignidade artística", "por meio da ponte trovão do tempo", "nos apressamos com pés de raio", "para dar as mãos àqueles, os amigos dos videntes, que realmente dizem e realmente fazem"[209].

Ao juntarmo-nos com videntes e fazedores, aterrizamos na poesia de muitos, incluindo Youmna Chlala. Em *A câmera de papel*, Chlala reorienta nossas práticas de leitura, situando a si mesma em múltiplas dimensões síncronas, global e localmente, e declarando de maneira corajosa: "Eu estou escrevendo para você do fim do mundo. Você precisa compreender isso"[210]. Em uma virada profética de verso, o poema sem título de Chlala performa uma formação sem forma para a amizade contra a ruína brutal do desenvolvimento capitalista, as guerras globais por recursos, a crise de refugiados e as imigrações forçadas. Para muitos, como Chlala indica, o fim do mundo sempre esteve disponível; diariamente, já é uma situação combativa e disruptiva constante[211] em meio a emergências cotidianas nascidas das manobras mortais entre sobrerrepresentações do Homem.

Tais crises inevitavelmente levam a questões de forma, imaginação, representação e suas correlatas enraizadas. A relação entre imagem e texto e suas habilidades de tocar em alguém além do obturador ou da página que estão em jogo, como o título de sua coleção de poesias sugere. Fazendo amizades com palavras e imagens, sua "câmera de papel" tenta capturar

---

[208] RA, Sun. We must not say no to ourselves. In: *The planet is doomed*. New York: Kicks, 2011, p. 47.

[209] RA, We must not say no to ourselves, p. 47.

[210] CHALA, Youmna. *The paper camera*. Brooklyn: Litmus, 2019, p. 5.

211 MOUSSAWI, Ghassan. *Disruptive situations:* fractal orientalism and queer strategies in Beirut. Philadelphia: Temple University, 2020.

o momento sempre passado e ainda por vir. Os poemas de Chlala adicionam camadas de diferentes dimensões temporais e espaciais e perspectivas na e pela superfície do papel.

Como seu poema expressa, uma foto é tanto uma amizade quanto sua documentação. Interação e intercâmbio ocorrem entre palavras como "imagine" e "imagem", nas quais o pensamento leva à matéria e então pousa na "forma" como estrutura para a amizade entre diferentes dimensões[212].

Imaginar
fazer uma imagem *tasawar:*
                              conceitualização
(derivado de *soura*)
forma
                                                    foto
sadaqaa: afirmação de amizade, estado de crer

Chlala escreve em linhas esparsas, entre grandes espaços negativos, para indicar abertura a sensações e a pensamentos e formar intimidades nos vãos entre as quebras de linhas. Deslocando-se entre árabe, francês e inglês, seus poemas, como este acima, são motivados por jogos sintáticos de palavras, profundo sentimento utópico, definições e traduções deliberadas e mudanças de códigos (*code-switching*). O livro de Chlala imagina diferentes formas por meio de laços sem forma de conversação, tradução e intimidade que se manifestam mediante palavras, pontuações, espaçamento de linhas e a distância entre sujeitos.

---

[212] CHLALA, [To imagine]. In: *The paper camera*, p. 11.

107

Todas essas diferentes dimensões poéticas, linguísticas, formais e afetivas se cortam através umas das outras para desviar, fugir, segurar e, também, largar todas as demandas da representação. Os poemas de Chlala performam mudanças tectônicas e tensões continentais e regionais que, em seus engajamentos discrepantes e encantamentos criativos, cultivam formas nunca ousadas por meio de eixos afirmativos de amizade e fé. Ela cria imagens e palavras em incessantes quebras e intervalos contra as medidas.

Em um constante estado de intermissão, a artista tira fotos de seu corpo como se soubesse que irá, em breve, partir. Eu desapareci, o presente é um infinito, sempre tem construção acontecendo lá fora, escavação e marretadas, para desfazer a presença, eu mesma como um *timer*[213].

A câmera de papel tenta alcançar e apresentar a vida efêmera, em que ser humano significa ser outra escrita (*script*) estética da temporalidade e da práxis. Chlala, em um constante estado de intermissão, tira fotos de seu corpo temporário como um *timer*, enquanto este desaparece no infinito para contrariar o som de fundo não intermitente do crescimento capitalista. Com isso, ela traça outro tipo de relógio e mundo.

Em um apelo pelo rigor encontrado em sensações transitórias e feituras de mundo impermanentes, a teoria do efêmero de José Muñoz encontra a persistente dimensão do intermitente. Oferecendo o efêmero (*ephemera*) como evidência para romper com a fixidez da representação, Muñoz reflete sobre a definição e o gênero, as hierarquias do rigor

---

[213] CHLALA, [In a constant state]. In: *The paper camera*, p. 77.

acadêmico e do saber convencional e a metodologia *queer*. Ele observa que "*ephemera* é sempre sobre especificidade e sobre resistir a sistemas dominantes de estética e classificação institucional sem os abstrair da experiência social e de uma noção maior de socialidade"[214]. Muñoz prescreve uma crítica radical de sistemas, arquivos e sanções institucionais que expõe como atos *queer* de produção de conhecimentos minoritários que conversam com novas formas de saber, pensar e fazer. Rejeitando sistemas dominantes, os eixos e as dimensões tortas do efêmero resistem à forma tradicional, remexendo por meio do informe (*formless*) na busca por toda evanescência.

Muñoz nos avisa que o amorfo/informe (*formless*) também é, em princípio, efêmero. Incapaz de separar a vida social da política e da estética, esse renovado projeto de epistemologia de Muñoz altera toda a paisagem de representações repetidas e reprodutíveis. Ele diz que "*ephemera* inclui traços de experiência vivida e performances de experiência vivida, mantendo urgências e políticas experienciais muito após essas estruturas de sentimentos terem sido vividas"[215]. Esses traços sempre presentes, sentidos em suas pós-queimaduras socialmente vitais, demandam uma releitura e uma reescrita dos próprios protocolos de leitura e escrita crítica.

Dessa maneira, a dimensão nebulosa e ainda assim completamente material do efêmero provoca uma releitura e uma reescrita crítica necessárias inclusive da forma valor. Se o "valor não pode existir sem representação" e uma norma regulatória só pode existir quando a troca de mercadorias se tornou

---

[214] MUÑOZ, José Esteban. Ephemera as evidence: introductory notes to queer acts. *Women & Performance: A Journal of Feminist Theory*, v. 8, n. 2, pp. 5-16, 1996.

[215] MUÑOZ, *Ephemera as evidence*, pp. 10-11.

um "ato social normal"[216], então o reconhecimento do efêmero como evidência, tornada aparente precisamente em razão de trocas sociais *queer*, é inseparável de uma derrubada da representação do valor. Tal reconhecimento permite que a força de ciências criativas (*creative sciencings*) soem como esferas alternativas de troca nas próprias ciências e nas tecnologias de acumulação capitalista. A abertura de sistemas fechados por Hendrix e a câmera de papel maquínica de Chlala fornecem outras formas criativas de valor e de reprodução social. Suas estéticas escrevem (*script*) novas ciências que performam incessantes possibilidades para a alterabilidade da humanidade.

Palavras e sons feitas de carne materializam "ações que cristalizam nossas atualidades"[217] que, ruidosa e poeticamente, rompem a norma regulatória do valor embutida por meio de esferas de troca. É por isso que, como afirma Wynter, a grana (*buck*(precisa parar conosco[218]. As questões da forma valor e das "formas criativas" são inseparáveis. Assim, as escritas estéticas da humanidade sempre irão escapar de sua mensuração e representação numérica, já que são efêmeras.

Esferas de troca por meio de diferentes registros de valor alteram processos de circulação das condições capitalistas. Tais (pr)áxis anticoloniais e anticapitalistas abrem novos eixos, valores, representações e dimensões tortas. As criações de Wynter, Chlala, Hendrix e Ra apontam para a importância de imaginar e manifestar novas ciências, novos modos estéticos de inscrição e de som, formas nunca ousadas (*undared*).

---

[216] HARVEY, David. Marx's refusal of the labour theory of value, In: *Reading Marx's Capital with David Harvey*, 14 de março de 2018, <http://davidharvey.org/2018/03/marxs-refusal-of-the-labour-theory-of-value-by-david-harvey/>.
[217] WINTER, The pope must have been drunk, p. 35.
[218] WYNTER, Unsettling the coloniality, p. 331.

Ephemera não é uma evidência unidimensional: suas fugas e proezas persistentes brilham por meio de presenças multiversais, mesmo na presença de uma ausência insinuada que ressoa em uma iluminação sombria. A experiência vivida em todas as suas dimensões efêmeras não é antitética a informações circundantes, mas uma característica fundamental de como se pode visualizar o estudo, que pode ser encontrado em qualquer coisa, da vitalidade de uma rocha porosa à vibração de plantas e frases, em toda a matéria[219].

O estudo como efemeralidade material é também uma intenção de atravessar, não só pelo tempo, mas com ele (*within it*), todas as posições espaço-temporais alegadamente indisponíveis, entretanto cognitiva e esteticamente tomadas (*seized*). Com o pensamento metafísico e em sentimento etéreo, a lembrança é como um prenúncio, um movimento à frente em seu passado e um movimento para trás, de modo a poder tocar de outra forma o horizonte do materializado. Contudo, para viajar nesse caminho, não se evolui atravessando portas abertas, mas tornando-se uma espécie variante de éter que permite ao vivo dissolver a si mesmo por meio de paredes e de passagens fechadas. Essa evaporação é o desaparecimento e o reaparecimento registrado de toda existência, na qual toda grama de matéria guarda escritas estéticas de profundidade desconhecida.

As multidimensões da libertação material ressoam uma partitura que vibra por meio de cenários e escopos planetários, gerando solidariedade a partir de composições do trabalho diferenciado que faz o mundo girar em frequência. Uma quebra do tempo dialético, da sobrerrepresentação e do valor capturado, esse é o relógio insurgente do mundo...

---

[219] BENNETT, Jane. *Influx & efflux*: writing up with Walt Whitman. Durham: Duke University, 2020.

Adição

A revolução é elemental, multitudinária, conjugada e viva. Tudo que é pequeno carrega energia; tudo aparentemente pequeno é uma extensão, o "além sutil" de uma força magnética maior. Nessas sobreposições de mundos dimensionais sobre mundos dimensionais, escapam capturas e sentidos representacionais. Somente a ressonância hesita entre os cortes da revolta. Escutemos então o toque, a emenda, a adição, pois se trata de uma partícula virtual do vazio e do próprio vazio, no qual tocar a si é tocar o outro por meio da infinidade, um "partir-conjunto (*a cutting together-apart*)"[220]. Essa materialidade do toque é uma formação amorfa (*formless formation*) que em seu constante processo de adição foge das exigências estruturais do pensamento e da representação.

O casamento entre sistemas de representação e de arquiteturas de saber (*knowledge*) torna difícil decifrar suas intenções singulares. Existe uma conexão entre o saber e o paradigma elementar da identificação na qual a representação se apoia. Frequentemente, e infelizmente, a própria representação serve como epistemologia, tornando-se turva diante dos modos como os usos do saber são racionalmente defensáveis.

Ao se submeter aos projetos (*designs*) implícitos nas formas culturais, o pensamento estruturalista aceita suas pressuposições lógicas. Por outro lado, o pensamento pós-estruturalista, em seu sentido mais básico, afirma que todas as formas são social, cultural e politicamente condicionadas e

---

[220] BARAD, Karen. Diffracting diffraction: cutting together-apart. *Parallax*, v, 20, n. 3, pp. 168-187, 2014.

que a única maneira de deixar seu emaranhado organizado é parar de seguir as voltas e as saídas do labirinto.

Como os princípios de organização ensinam, a palavra "forma" ainda vive no termo "reforma".

Formas e outros empreendimentos estruturantes não são contenções confiáveis de informação, racionalidade, verdade, justificação e sentido, uma vez que sistemas são culturalmente determinados, sendo o estudo um *continuum* dimensional em que se imagina e se conjura, prolifera tanto quanto sente por meio de interpretações, estilos e ritmos culturais. Desafiando ao invés de integrar corpos de saber preexistentes, abraça-se a materialidade do toque por meio da adição, tanto sentida quanto percebida, por ver sua evolução como essencial para o fazer-sentido (*meaning-making*).

Na busca por uma materialidade do toque que exteriorize tendências estruturalistas, Roland Barthes apropria sistemas de saber para refazê-los. De particular interesse aqui é a *Câmara clara* de Barthes, uma série de vinhetas sobrepostas e publicada no mesmo ano em que ele morreu e três anos após a morte de sua mãe. Esse texto de duas partes é uma intervenção na filosofia da fotografia e também uma reflexão de amor e desespero, um elogio sob a forma do luto de um filho e as lascas de essência excedendo os sistemas de saber, enquadramentos para miradas e projetos para sentir.

Barthes começa seu livro com um uso claro da semiótica: termos sobre palavras reiteram sistemas estruturalistas destinados a definir as menores unidades do sentido, significante sobre significado, Barthes envolve imagens, promulgando um novo vernáculo filosófico para lê-las. Trabalhando com uma montagem de significantes, ele sublinha duas propriedades da fotografia: o *studium* e o *punctum*[221]. O primeiro corresponde ao *milieu* cultural, à *mise-en-scène*, ao *background* que conhecemos por meio da educação; enquanto o *punctum* necessita de correspondência entre a imagem e o espectador. Sem interesse pela educação, Barthes define o *punctum* como o detalhe na fotografia que alfineta o visualizador, preexistindo e eclipsando a imagem e seu *frame*. O *punctum* é um tipo de adição ou aquilo com que o espectador contribui para "a fotografia e que, não obstante, já está lá"[222].

Impulsionado pelo *punctum* perfurante, Barthes estuda a fotografia como uma ferida que alguém veste no corpo e também a organiza como um *corpus/genus* de saber. Corpos de carne e pensamento tornam-se um, enquanto ele busca pela ontologia da fotografia, encontrada nas próprias contusões dos visualizadores. No acerto de contas com essa adição como *punctum*, Barthes o chama de um "*além* sutil"[223] e sugere que o que nós não podemos ver propriamente com nossos olhos, nós sentimos e conhecemos para além dos limites do toque. O que faz cada imagem em seu direito singular de representar, pergunta Barthes, senão a coisa em si? Poderia a fotografia existir além dos limites da representação?

O *punctum* vive fora de noções convencionais de reprodução, pois, se coletivamente damos vida a uma imagem que sempre já esteve viva, então a adição expõe nossa compartibilidade (*shareability*) e conspirações constantemente emaranhadas. Na busca pela energia considerável do *punctum*, Barthes adiciona que é "como se a imagem lançasse desejo para além

---

[221] BARTHES, Roland. *A câmara clara*. São Paulo: Nova Fronteira, 2018.
[222] BARTHES, Roland. *A câmara clara*.
[223] BARTHES, Roland. *A câmara clara*.

do que nos permite ver: não somente em direção 'ao resto' da nudez, não somente para a fantasia da *práxis*, mas em direção à excelência absoluta de um ser, corpo e alma juntos"[224].

Incapaz de suportar os protocolos de formas rígidas, de ler imagens por meio de uma lente objetiva removida dos outros, Barthes libera a forma de seus próprios princípios estruturantes e sucumbe afetivamente às sensações. Se o *punctum* existe no "além sutil", então, na segunda parte de *Câmara clara*, Barthes abraça o além adicional por meio da morte de sua própria mãe. A perda insuportável o deixa formando e deformando emoções e pragmatismos na busca da figura para sempre presente-ausente. Lamentavelmente, uma fotografia remanescente de sua mãe quando criança, que ele descreve em detalhes, mas se recusa a reproduzi-la visualmente para o leitor, não consegue destacar com precisão sua essência. Ao negar a "fotografia do jardim de inverno" e a oportunidade de significar o sentido por meio da significação e referência, Barthes contraria o estruturalismo, provando que o dissenso, a ausência de forma (*formless*) e a perda acompanham umas às outras.

Não se reforma a forma, mas informalmente apreende-se a formação, mesmo quando o luto de alguém carrega os princípios traçados de existências efêmeras.

Em confiança, durante seu luto, Barthes declara que a fotografia de sua mãe, "existe apenas para mim. Para vocês, não seria nada além de uma imagem indiferente"[225]. Compartilhar sua fotografia não permitirá que a conheçam como ele a conheceu, nem irá ajudá-lo a colocá-la em descanso, considerando que o *punctum* pode ser tudo dentro e fora da

---

[224] BARTHES, Roland. *A câmara clara.*
[225] BARTHES, Roland. *A câmara clara.*

morte, todo sentimento que a adição abriga quando a materialidade do toque escapa ao presente.

Se a "fotografia é subversiva, não quando assusta, repele ou mesmo estigmatiza, mas quando é pensativa, quando pensa"[226] e sutura (*punctures*) o espírito, então uma fotografia é uma imagem viva, talvez até uma ferida revivida pela crença de que na erupção de toda forma se atinge o limite do limite. O além sutil, em toda sua formação sem formal (*formless formation*), é o que se leva para a cena que já est presente, mas fora da posição de enquadramento do poder e do desejo. Fora da representação. Fora das estruturas do saber. Fora da morte. Essa é a adição.

Seguindo esse desejo de cair no reino "da excelência absoluta do ser, de corpo e alma juntos"[227], a adição inclui tudo fora do enquadramento, levando-nos para os traços internos do toque, ao volume do excesso.

O além sutil ocorre fora do enquadramento, dentro do humano, no leitor, por meio do espectador; é um processo transformativo induzido por detalhes conhecidos e desconhecidos e por métodos de desejo que ativam o engajamento. Decidindo quando o escritor disse algo, o leitor é a adição ao escritor e o escritor é a adição ao leitor, em fluxo constante, ganhando, como observa Barthes, todos os prazeres do texto que excedem o sentido convencional.

Encontrados em cortes, tensões, encontros discrepantes de sentido, tanto o leitor quanto o escritor são desconstrutores da palavra e do mundo, para esculpir novos.

---

[226] BARTHES, Roland. *A câmara clara*.
[227] BARTHES, Roland. *A câmara clara*.

Todo traço detalhado do além é encontrado nas rachaduras harmonizadas deixadas pelo tremor, deixadas para serem invaginadas.

A desconstrução pós-estruturalista de Jacques Derrida das ciências humanas eurocêntricas derruba as instituições sustentadas por suas linguagens, discursos e convenções. No entanto, como nota Spivak, "não é somente desconstrução", mas também uma forma de construção. "É intimidade crítica, não distância crítica"[228]. Aprendendo a falar por dentro, a desconstrução como intimidade crítica é a performatividade da adição na qual a semente é modal e expansão do suplemento. Partindo dessas observações, a adição funciona como uma operação na qual adicionar é estar dentro, como oposto a presumir uma instância externa que pretende adicionar, juntar coisas separadas.

Invaginação é o processo de virar algo de fora para dentro, para fazer outra contenção (*hold*), outro todo/furo (*(w)hole*), outra dobra (*fold*) da ressonância. Em outras palavras, esse dobrar-se interno equivale, para Derrida, ao processo de emersdão das identidades em relação à diferença, que não tem ela própria nenhuma identidade estável. Seu neologismo, *différance*, escreve a diferença mesma – a diferença e o adiamento da diferença –, tecendo conjuntamente traços que não possuem começo nem fim[229]. Como o *punctum*, excedendo e ultrapassando o enquadramento, o traço também nega a construção e o envolvimento lineares da existência e do sentido.

---

[228] SPIVAK, Gayatri Chakravortyem; PAULSON, Steve. Critical intimacy: an interview with Gayatri Chakravorty Spivak, *Los Angeles Review of Books*, 19 de julho de 2016, <https:// lareviewo6ooks.org/article/critical--intimacy-inter- view-gayatri-chakravorty-spivak/>.

[229] DERRIDA, Jacques. *Posições*. São Paulo: Autêntica, 2001.

Derrida observa que a *"différance* é o jogo sistemático de diferenças, de traços de diferenças, do espaçamento pelo qual elementos se relacionam entre si"[230]. Esse jogo constante é aquele no qual as coisas emergem, ao invés de existirem anteriormente à emergência da diferença. De acordo com Derrida, "esse espaçamento é a produção simultaneamente ativa e passiva de intervalos, sem os quais os termos de significação não funcionariam"[231]. Isso significa dizer que o traço do que as coisas não são é o que dá a elas suas presenças identificáveis.

Trata-se de nada menos do que da questão do próprio ser, tal qual Derrida nos lembra. Partindo do *corpus* de Heidegger, ele entende que a questão do ser é a questão inaugural da filosofia ocidental. Crítico da ideia de que a partícula presente do ser existe em uma modalidade de tempo que é sentida como a presentificação da presença sem traço, Derrida considera o que vem antes da pergunta filosófica: "o que é o ser?", pois deve haver uma afirmação do ser traçado para que essa questão seja colocada em primeiro lugar. Ele "reinscreve" e "desloca" a questão da presença do ser cinforme colocada por Heidegger[232], voltando-se para o traço na escritura.

Na linguagem, um entrelaçar de traços é a condição para que o significado e o significante se comuniquem, sendo sua identificabilidade dependente de suas relações com outros significados, significantes e o intervalo entre eles. Sempre emergindo de traços estruturais compartilhados, a performance da diferença está em todas as coisas e em todas as

---

[230] DERRIDA, Jacques. *Posições*. Trad. Tomaz Tadeu da Silva. Belo Horizonte: Editora Autêntica.

[231] DERRIDA, *Posições*.

[232] DERRIDA, Jacques. On being. In: *Derrida*, dirs. Kirby Dick e Amy Ziering, Jane Doe Films, 2002, <https://www.youtube.com/watch?v=gjmp0ZAz5yk>.

relações; é uma "relação" (*rapport*) que se refere a traços internos e externos às identidades indefinidamente formadas por meio e enquanto variação.

Relação é outra palavra para a ressonância adicional, na qual o traço e o intervalo são evidências tanto da presença quanto da ausência da presentificação. Derrida enfatiza que o passado e o futuro estão no presente, e mesmo assim ambos não estão presentes, já que o "traço não é a presença, mas um simulacro de presença que desloca, substitui e refere-se para além de si"[233]. Ele ainda afirma que o traço mesmo é um não lugar porque o "apagamento pertence à própria estrutura do traço"[234]. Ao se colocar em questão a presença do presente, o traço é uma "aquiescência anterior"[235], uma afirmação de que em tudo existe um retorno e uma partida de outra coisa ou um futuro além, outra temporalidade sutil por meio da relação com *um* outro e com *todos* outros.

Se o "ser é traço-ser"[236] e o traço é experienciado diferencial e indiretamente, então a desconstrução é simultaneamente uma subtração aditiva e uma adição subtrativa. A identidade não tem nenhum ser fora do "traço-ser", que é sempre já determinado por uma diferença diferente. Trata-se da operação adicional da formação sem forma como uma teia de traços. Seus entes identificáveis são sentidos presentes por meio de seus traços, intervalos e deslocamentos (*shifts*) inatos, operando como diferenças relacionais integrais.

---

[233] DERRIDA, Jacques. *A voz e o Fenômeno*. Rio de Janeiro: Zahar Editora, 1994.
[234] DERRIDA, Jacques. *A voz e o Fenômeno*.
[235] DERRIDA, *On being*.
[236] BENNINGTON, Geoffrey. Embarassing Ourselves, *Los Angeles Review of Books,* 10 de março de 2016, <https://lareviewof- books.org/article/embarrassing-ourselves/>.

Tal relação com e *como* a adição opera inclui não só o que o leitor traz para o texto, mas como o escritor se vê também como leitor, da forma como o próprio pensamento traça presenças e ausências relacionais. O "além sutil" de Barthes e o traço "além de si" de Derrida incluem não só o compositor/escritor, mas o leitor, em um emaranhamento sensorial que ultrapassa a sua própria indexabilidade.

Se o além sutil é o que se traz para qualquer cena e que está também sempre presente, então a extensão do sentimento contribui ativamente para esse emaranhamento sensorial. O histórico emocional não é um acessório para a *mise-en-scène* de ler ou ver, mas enriquece os mundos produzidos pelo compositor/escritor. Ver e ler, como escrever, é uma ferida que infligimos e sofremos juntos.

> Se escrever é um hematoma comunal, uma relação,
> uma desconstrução construída, então
> a adição expande a ideia de que
> o ser com do texto é também
> ser do mundo.

O poeta e novelista Ocean Vuong afirma que escrever nunca é remover seus próprios voos culturais. Em um livro sobre migração e subjetividade refugiada, Vuong faz um paralelo entre a despossessão e a graça salvadora que é escrever. Se países inteiros carregam sintomas e sentenças, ele questiona então "o que é um país senão uma sentença sem fronteiras, uma vida"[237]? Em discurso personificado, Voung emaranha as redes de vida e narrativa escrevendo os detalhes de ambas, mesmo quando as estruturas de saber o excluem. Escrevendo

---

[237] VUONG, Ocean. *On earth we're briefly gorgeous*. New York: Penguin, 2019, p. 8.

a partir de um espaço de imigração forçada nas consequências ideológicas materiais da representação, Vuong responde à questão acima com outra questão: "O que é um país senão uma sentença"[238]? Se pertencer a um Estado-nação também significa cumprir um tempo (*to do time*), então escrever é um constante influxo e efluxo (*influx and efflux*)[239] de circunstâncias internas e externas inseparáveis. Uma cena flutuante que Voung negocia no *script* de escrever e, por consequência, faz mundos em sentenças de vida[240].

Suas questões, mencionadas anteriormente, encapsulam uma forma de migração que desaparece na fronteira por meio da metáfora de fontes transientes e também identifica as condições espaciais e temporais da escrita. Em seu comprometimento com o nível da sentença, Vuong subverte o absolutismo da forma por meio de novas autoficções, da novela epistolar, de práticas citacionais e de uma série de vinhetas sem fronteiras que atuam nas escritas estéticas do humano, de toda vida.

Desafiando a temporalidade linear da existência, Vuong argumenta que "se nós formos sortudos, o fim da sentença é onde podemos começar"[241]. Começando no ponto final com um comprometimento com o traço, Vuong condiciona nosso relacionamento com a leitura: tudo não escrito pode também ser a vida da frase. Ele afirma que "se somos sortudos, algo é passado, outro alfabeto é escrito no sangue, no tendão e no neurônio; ancestrais carregando seus parentes com a propulsão silenciosa de voar para o sul, de virar-se para o lugar na

---

[238] VUONG, *On earth we're briefly gorgeous*, p. 9.

239 BENNETT, Jane. *Influx & efflux*: writing up with Walt Whitman. Durham: Duke University, 2020.

[240] N.d.T.: aqui há um jogo de palavras implícito no termo *sentence*, tendo tanto o sentido de frase como de sentença penal, punitiva.

[241] VUONG, *On earth we're briefly gorgeous*, p. 10.

narrativa em que ninguém deveria sobreviver"[242]. Escrevendo para escapar de sua própria morte, a "sentença escrita" de Vuong é uma carta de amor para todos que podem ler e todos que nunca leram, todas as formas de leitores estão implicadas em sua conta de fazer tempo com o discurso. Essa leitura expansiva inclui sua mãe iletrada, sua avó atrasada, todos os homens que ele amou e não pôde continuar amando e a si mesmo jovem, de quem aprende a se tornar amigo e ultrapassar para sobreviver à vida dada. Mesmo se for uma versão de existência, respirando por meio dos parágrafos fugidios e desfechos múltiplos, é algo que vale a penas experimentar em total ressonância histórica e ancestral.

A sentença escrita de Vuong, uma peça sobre servir ao tempo e sobreviver à frase, implica mais do que somente os leitores nomeados anteriormente, mas escritores familiares que, em uma veia similar, compreendem que a existência, como a escrita, não só passa, porém é passada.

Em *On earth we're briefly gorgeous*, Vuong passa seu próprio além sutil embutido no *storytelling*, na ligação entre mãe e filho. Se a "memória é uma escolha"[243] e escrever excede a própria sentença, então Vuong usa deliberadamente a citação como evidência da materialidade do toque traçante (*tracing touch*). Os escritos de Barthes sobre os efeitos pessoais do luto enchem as páginas do romance de Vuong; ele é um fantasma sintático que se recusa a morrer com a mãe, com o texto, com a sentença. Como Voung lembra Barthes, ele registra sua própria perda e triunfo e explica que o corpo e escrita da mãe, na/para/com a mãe, são entidades inseparáveis, toda escrita é uma oportunidade de prejudicar e "mudar,

---

[242] VUONG, *On earth we're briefly gorgeous*, p. 10.
[243] VUONG, *On earth we're briefly gorgeous*, p. 75.

embelezar e preservar" a mãe, "tudo de uma só vez"[244]. Tudo isso é para dizer que um romance sobre migração e expulsão forçada é também uma história ancestral sobre como se conta a história, com nada removido das perdas experimentadas antes de a palavra atingir a página.

Escrever com capturas de rejeições informes pela materialidade do processo e da relação (ou ressonância) com outros e outro espaço e tempo. A construção e desconstrução constante da diferença, por meio de modos de contar histórias, emerge nos intervalos de diversidade (*motleyness*) social e nos cortes para outras vozes que, em sua própria perda, citam um rebanho, referem-se a uma tripulação.

Para abolir a forma, você precisa de um grupo, em geral variado, e certamente sempre preparado para orquestrar outros mundos mediante a relação com outro algo/alguém ou o que Laura Harris chama de categoria caleidoscópica de "um grupo diverso"[245] (*motley crew*)[246]. Para Harris, as dimensões ontológicas resistentes, improvisadas e fugidias do grupo diverso são ligadas pela "socialidade estética da negritude"[247]. Respondendo diretamente ao trabalho dos historiadores marxistas Peter Linebaugh e Marcus Rediker, que traçam a emergência

---

[244] VUONG, *On earth we're briefly gorgeous*, p. 85.

[245] HARRIS, Laura. Experiments in exile: C. L. R. James, Hélio Oiticica, and the aesthetic sociality of blackness. New York: Fordham University, 2018, pp. 10-11.

[246] N.d.T.: O termo *motley crew* não possui uma tradução precisa para o português, mas expressa a qualidade de um grupo incomum que reúne um bando diversificado, que agrega diferenças em um conjunto inusitado ou inesperado, frequentemente (mas não necessariamente) associado também a condições adversas e à marginalidade. Carrega a qualidade de ser um conjunto inesperado enquanto portador de diferenças diversas. Frequentemente associado, por exemplo, a grupos piratas. Optamos por diversificar também as traduções para suas variantes (*motley; motleyness*).

[247] HARRIS, Experiments in Exile, pp. 2-8.

do proletariado atlântico dos séculos XVII, XVIII e XIX[248] e lamentam sua morte, Harris traça como as conexões que formam os grupos diversos de diferentes povos despossuídos é contínua. Expressa, ainda, que é precisamente o problema do pensar gerado pelo pensamento categorial (*i. e.*, Linebaugh e Rediker afirmam que o grupo diverso desaparece com a emergência das categorias e separações mais institucionalmente estruturadas do capitalismo racial), que impede os historiadores de discernir a vida e o viver de grupos diversos.

Formando um distinto grupo diverso em seu livro, Harris estuda os trabalhos do trinidiano C. L. R. James e do brasileiro Hélio Oiticica para descobrir como tanto James quanto Oiticica se engajam na socialidade criativa da negritude formada por políticas e estéticas da diversidade. Fazendo isso, ela chama nossa atenção para *formas* e *métodos* da insurgente experimentação e estudo de um grupo diverso. Por exemplo, Harris coloca em diálogo o estudo de James sobre *cricket* e os trabalhos colaborativos de Oiticica no samba para expor o que Iyer chama, em seus próprios termos, de "a atlética da performance musical negra"[249]. "A socialidade estética da negritude", como denomina Harris, "é uma *assemblage* política improvisada que reside no coração da política, mas opera sob seu chão e em sua beira"[250]. Ela acrescenta que "não é um relembrar de algo que estava quebrado, mas uma invenção em expansão contínua"[251]. A socialidade estética da negritude tanto inclui quanto exclui os termos e engajamentos visuais da negritude em sua invenção sempre expansiva de

[248] LINEBAUGH, Peter; REDIKER, Marcus. *The many-headed hydra*: sailors, slaves, commoners, and the hidden history of the revolutionary atlantic. New York: Verso, 2012, p. 332.

[249] IYER, Vijay. Exploding the narrative in jazz improvisation, p. 395.

[250] HARRIS, What happened to the motley crew. In: Experiments in exile, p. 33.

[251] HARRIS, What happened to the motley crew. In: Experiments in exile, p. 33.

adição para que sobreviva às suas próprias condições no capitalismo racial. Isso, em troca atesta que grupos diversos atuais vivem, nunca escapando de seus próprios traços, "seres-traços".

O grupo diverso é um modo de "intelectualidade" que incorpora todo o fôlego de nossos sentidos e resistências. Entre o contato de manobras do diverso e a prioridade da diversidade, Harris rearranja uma nova metodologia para engajar diferenciados encontros experimentais, desafiar ideias de autoridade e participar de modos expansivos de pertencimento mediante a nação, a raça, o gênero, a classe e a sexualidade. A diversidade de Harris é nossa ressonância e formação sem forma como metodologia.

Ressonância é aquele momento de iluminação ou de liberação que se sente no processo de ser discrepantemente emaranhado com outros em todos os encontros diversos.

Seguir essa iluminação requer histórias recuperativas e revisionistas que operam, sem exceção, em um tempo não linear e de teor anticolonial e anticapitalista. Esse teor é limado com o impulso para deformar a forma porque, mesmo no processo dessa tentativa, a estrutura organizativa de toda vida social é a própria forma. A indexicabilidade da forma é o que mobiliza lugares de divergência contra categorias de diferença como sua organização para a diferença.

Como a diferença pode respirar contra seu próprio confinamento? A resposta se encontra nas fendas, nos cortes, nos excessos, nos sentidos, nos traços e nas adições do amorfo, no estalo e na estridência das vozes, "onde o grito torna-se fala, torna-se música – remoto de seu impossível conforto de origem – está o traço de nossa descida"[252]. Essa descida

---

[252] MOTEN, Fred. *In the break:* the aesthetics of the black radical tradition. Minneapolis: University of Minnesota, 2003, p. 22.

é também ascensão, nossa adição, nosso traçar dos sentidos impulsionados pelo levante movido por movimento.

Linhas e quebras desfeitas, todas as possibilidades se desfazendo vibrantemente em um sussurro uivado. Todas as adições são a beirada incremental, emergindo de um grupo diverso.

Entretanto, grupos diversos precisam experimentar constantes atos de retraçar e examinar a si internamente se querem sobreviver à sua própria diferença. A teoria e a prática de um grupo diverso não é um predicamento orgânico, mas um processo que recupera a si mesmo em revisões perpétuas ou, como Vuong ferozmente afirma: "toda história tem mais de um fio, todo fio uma história de divisão"[253]. Isso é dizer que, ao participar dessas divisões, nota-se que as silhuetas variantes da divergência são melhor recolhidas no espaço de avaliações históricas recorrentes, cujos intervalos cortam através e perfilam novas narrativas e arcos.

A Coalizão Arco-Íris original, por exemplo, um movimento multicultural fundado em Chicago em 1969 e formado por Fred Hampton, do Partido dos Panteras Negras, com a ajuda de William "Preacherman" Fesperman, da Organização de Jovens Patriotas e de José "Cha Cha" Jiménez, fundador dos Jovens Lordes, foi um grupo diverso que articulou fortemente a consciência de que o capital conta com a separação do povo trabalhador por meio de categorias de etnicidade, raça e religião. Demandando a destruição de tais categorias e a solidariedade entre todos os trabalhadores dos EUA e do planeta, esses soldados do amor frequentemente excluíram sua própria diversidade.

Isso serve especificamente para reiterar que a dissonância de gênero, sexo e sexualidade entre esses movimentos foi central para sua desintegração. A revolução não foi comple-

---

[253] VUONG, *On earth we're briefly gorgeous*, p. 8.

tamente atualizada (ou televisionada) porque o patriarcado, o machismo, a heteronormatividade, o sexismo, a transfobia e a misoginia tiveram papel central no colapso dos movimentos dos trabalhadores de todos os séculos. Lamentavelmente, esses sistemas de opressão infiltram-se nos próprios espaços de contracultura e rebelião. Já que, como proclamou Frantz Fanon, as condições do colonialismo não são somente binárias (colonizador *versus* colonizado), mas uma paisagem de relações na qual o colonizado, por vezes, torna-se o colonizador para aqueles similarmente subjugados[254].

Uma resistência primária a isso pode ser encontrada no trabalho político da ativista transgênero Sylvia Rivera, membra do Partido dos Jovens Lordes e sua fração feminina (*Women's Caucus*). Trata-se de uma figura de liderança das rebeliões de Stonewall em 1969, que estabeleceu a organização política STAR com Marsha P. Johnson e foi também a cofundadora da Frente de Libertação Gay. Reimaginando estratégias de revolução negra e parda (*black and brown*) por meio de uma análise transgênero, Rivera construiu a primeira rebelião do orgulho, ouvindo o cintilar da diferença para libertar camaradas e a si própria do farfalhar da mesmidade (*sameness*).

Rivera, como muitas outras à frente do movimento, deixou o Partido dos Jovens Lordes em razão de uma compreensão monolítica do gênero, do sexo e da sexualidade. Esse abandono, entretanto, não foi unidirecional; Rivera também se sentiu alienada da branquidão e da transfobia imiscuída no movimento *queer*, que igualmente oprimia sujeitos por identidades raciais e sexuais[255].

---

[254] FANON, Frantz. *Os condenados da terra*. Rio de Janeiro: Zahar Editora, 2022.
[255] RIVERA, Sylvia. Y'all better quiet down, Christopher Street Liberation Day rally, Washington Square Park, New York, 1973.

Vamos lembrar um vídeo preto e branco com menos de 5 minutos contendo um discurso inflamatório de Rivera, "É melhor vocês se calarem" (*"Y'all better quiet down"*], feito na cidade de Nova Iorque em 1973 durante a manifestação do Dia de Libertação na Rua Christopher, Parque da Washington Square. Do palco, Rivera encara as vaias recorrentes do público e corajosamente se insurge contra a multidão: "É melhor vocês se calarem"[256]. No entanto, o barulho turbulento persiste contra seu chamado por solidariedade e ajuda mútua. Balançando para frente e para trás com o microfone na mão, Rivera recompõe-se contra a violência zumbida da plateia: "Eu tô tentando chegar aqui em cima o dia inteiro pelos *seus* irmãos gays e as *suas* irmãs gays"[257]. A importunação e o incômodo continuam enquanto ela aperta o pulso e grita ainda mais alto no microfone para desafiar as categorias obsoletas e mortais de gênero e de sexualidade.

Ao afastar-se dessas perigosas armadilhas categoriais, Rivera clama por uma nova formação sem forma chamada STAR (*Street Transvestite Action Revolutionaries*), privilegiando uma *maneira de ser* ativista transgênero e não conformista. Incapaz de compreender o brilhante cintilar de seu chamado, uma estrela estourando selvagem com direito próprio, a multidão responde, "cala a boca" e "sai do palco"[258], mas Rivera recusa o admoestar enquanto grita contra o silenciar da transfobia, da masculinidade tóxica e do heteropatriarcado racista na comunidade *queer*.

Enquanto o vídeo progride e a câmera dá *zoom* em seu desejo por mais vida e menos perda, Rivera grita um *duende* autoimplicado que quebra as ideias superficiais de

[256] RIVERA, Y'all better quiet down.
[257] RIVERA, Y'all better quiet down.
[258] RIVERA, Y'all better quiet down.

pertencimento *queer*. "Vocês me falam pra ir colocar meu rabo entre as pernas. Eu não vou mais aceitar essa merda. Eu fui espancada. Eu tive meu nariz quebrado. Eu fui jogada na cadeia. Eu perdi meu trabalho. Eu perdi meu apartamento pela libertação *gay*, e vocês me tratam assim"[259]? Nesse lamento, Rivera expressa o além sutil da perda que acompanha a falácia da representação para a vida trans. Demandando ser vista e ouvida, Rivera necessariamente retira-se da negação implícita.

Emendado entre gritos, os sons tremulantes de Rivera concedem um tipo de *punctum* ou lascas vocais da essência que transcendem sistemas de saber, suportes para ouvir e *designs* do ser e do sentir. Sua voz quebrada declara o potencial imanente de enquadrar a perda e de perder o enquadramento.

Se o *punctum* é sempre a adição que já está lá, Rivera está sempre já aqui. É preciso se recusar a conhecê-la no *frame* totalizante da imagem e tentar tocar os cortes de sua progressão sonora, as quebras entre seu vocal ativista e seu levante visual. Demandando o direito de existir no múltiplo, Rivera desidentifica-se com construções de formas dominantes, dando origem a uma amorfia que é a própria ressonância. Com o punho erguido firmemente e a voz quebrando em descendência, Sylvia Rivera é a memória material de uma soldada do amor pulsando solidariedade ideológica.

A política de identidade, como chama Rivera, frequentemente nega que a presença depende dos traços de diferença entrelaçados, de múltiplos desejos compartilhados por meio de projetos anticapitalistas e anticoloniais díspares. Isso também serve para sugerir que o potencial completo da ressonância da *différance* como adição, adiamento e além sutil inatos são mudos para os sons do capital em sua circulação. Assim, o grito de

---

[259] RIVERA, Y'all better quiet down.

Rivera é mais do que rebelião. É a vida compartilhando, deixando traços de descida tanto para se seguir ou para se deixar. A política identitária já significou "compartilhamento de vida"[260], conforme descrito pelo Combahee River Collective em 1977, uma forma de aumentar a conscientização e acessar a libertação de dentro de ambos, das lutas singulares e interseccionais. Não surpreendentemente, a política de identidade passou a produzir as próprias táticas de exclusão que esperavam não repetir em atos de inclusão. Isso também quer dizer que uma força política emancipatória que começa com a vida de alguém se funde com outras vidas que sempre estiveram ali.

Formações sem forma retraçam a adição que é "partilhar a vida". Nessas lutas contra um "universalismo descorporificado" que participam da "coexistência de particularismos"[261], a beira nunca é apenas uma beira, assim como a diferença nunca é somente uma adição. O "além sutil" de Barthes, a "relação" de Derrida, a "sentença escrita em partilha" de Vuong, o "grupo diverso" de Harris e o grito que se torna fala, que se torna música de Rivera são todos uma reunião feita dos traços evanescentes de presenças e ausências auxiliares.

---

[260] Combahee River Collective Statement, April 1977, <http://circuitous.org/scraps/combahee.html>.
[261] CÉSAIRE, Aimé. *Discurso sobre o colonialismo*.

Magia

Um encantamento surpreendente, ou um impulso de sinergia entre o sabido e o não sabido, a magia elementar é como uma democracia social, deslizando entre encantamentos e sentimentos metafísicos da terra. Todo universo possível existe no multiverso, toda entidade potencial vive em um número de universos, todas as trocas alcançam partículas e emoções.

A intensidade empolgante da magia acalma o dilema da vida cotidiana, no qual o refrão libertador do amorfo se libera da forma supressora.

O informe é mais do que uma pitada de esperança, espalhada e salpicada na terra, mas um *groove* em que se caminha, são marcas deixadas no chão, pois nesses traços o desvanecer conjura. Esse desvanecer, sua força residual, é sustentada pela magia, remanescentes que mapeiam novamente o globo das profundezas dos sentidos tanto experimentados quanto previstos.

Às vezes a magia é um átomo no vento
que escova o coração na manga de alguém;
um toque, que em sua incomunicabilidade, ruge um
mundo na existência.

Walter Benjamin escreve que o sino estridente deriva sua força da magia do limiar[262]. A magnitude é evidenciada na saída da entrada e no fim do começo, uma sensação de *looping* que vitaliza a transformação. Por meio de reverberações eufônicas, toda evolução é extensão e interlúdio etéreo, desaparecendo do e no multiverso. A magia é mais que uma inclinação a soar

---

[262] BENJAMIN, Walter. *The arcades project*. Trad. Howard Eiland e Kevin McLaughlin. Cambridge: Harvard University, 2002.

um feitiço efêmero, é uma declaração para estar de pé com os punhos erguidos contra o céu aberto até que o limiar complemente suas intenções. Desvanecendo a vida, esses punhos pulsantes são o paradoxo do ser efêmero materializado, cujo desvanecer *no* é também desvanecer *com* ou um desfazer-se agudamente em um movimento acumulado no limiar de um povo agrupado a partir da luminescência da magia.

Cultivando uma paisagem imersiva, liberatória dos sinos da magia, a teórica do *hip-hop* feminista Ruth Nicole Brown evoca o "potencial criativo da mocidade preta (*black girlhood*)", produzida "criticamente entre e com garotas pretas"[263]. Mais que uma celebração da visibilidade de meninas pretas, o corpo do trabalho de Brown muda nossa compreensão da epistemologia, expondo como essas meninas, frequentemente apagadas dos arquivos, sempre geraram pensamento rigoroso para ultrapassar os limites da produção de conhecimento. Em 2006, Brown estabeleceu a utopia concreta que é SOLHOT (*Saving Our Lives, Hear Our Truths*), um espaço de libertação e amor que funde novos sentidos, viajando por meio de disciplina, gênero, método, pedagogia e formas de criatividade.

Honrando cada grão de pensamento tido como desmerecedor sob o racismo sistêmico, SOLHOT é uma iniciativa de direito próprio. Movendo-se por diferentes lugares culturais como universidades, escolas públicas de ensino médio e fundamental, igrejas, programas pós-escolares e também entre trabalhos criativos como teatro, poesia, etnografia, performance, contação de histórias e música, SOLHOT requer que

---

[263] BROWN, Ruth Nicole. *Hear our truths:* the creative potential of black girlhood. Champaign: University of Illinois, 2013, p. 1.

sigamos o inventivo "traço descendente"[264] que estimula novas formas de mapeamento e de fazer mundo. Sob a direção de Brown, SOLHOT produziu álbuns, peças e formas novelísticas de etnografia, enquanto, simultaneamente, turvava as linhas entre pensamento pragmático e criação emotiva – uma não sendo antitética à vida da outra, mas antes ideologicamente envolvidas.

Como Wynter, Brown nos convoca para "acordar nossas mentes", teorizando a criatividade e participando da energia pedagógica e transformadora da vida. Encorajando a formação de soldados mágicos do amor, SOLHOT é uma convocação pelo mundo-de-vida-estético, todos os punhos vistos nos detalhes de narrativas não contadas que aparecem fortemente por meio da *Black Girl Genius Week* (uma invenção e celebração anual de uma semana da SOLHOT que viaja élo Estado, *on* e *off line*), cujo trabalho criativo cultivado e compartilhado por e com meninas pretas é o palco central. De maneira marcante, o evento abarca tópicos que vão desde discussões sobre a política do cabelo até à poesia preta feminista, passando por escritas de carta como práxis pedagógica e formas pretas e pardas (*black and brown*) de organização estética até gravações ao vivo de música com um DJ SOLHOT na pista.

Sem deixar de revirar qualquer pensamento de meninas pretas, Brown é uma visionária de outro tempo e espaço, com uma visão para e do futuro que valoriza toda criação, tanto ensaiada quanto improvisada. De fato, são os próprios atos e sons improvisados do dia a dia, performados no espaço da socialidade de SOLHOT, que abrem a possibilidade de escutar a verdade para salvar vidas. Essa verdade está ligada ao que Brown revela sobre o próprio pensar: "a pes-

---

[264] MOTEN, *In the break*, p. 22.

quisa que é criativa, pública e fundada na colaboração com comunidades marginalizadas, conduzida por acadêmicos de cor, é sempre e desde já suspeita"[265]. Compreendendo que toda forma de conhecimento produzida por garotas pretas está sempre fora da epistemologia padrão, Brown oferece um novo fôlego ontológico para ler e escutar com elas. Em tais espaços libertadores, a genialidade preta é uma forma privilegiada de pensamento que anima novas construções de negritude, de estudos pretos femininos e de existência.

Ao posicionar-se contra a instituição, Brown sabe que "o que aprendemos dentro e fora do tempo, da prática e das relações sagradas, é que com certeza nós somos merecedoras de nossa libertação"[266]. "Valorizar sua própria libertação", como escreve e compartilha Brown com suas estudantes, é um ato de amor no domínio do planejar fugitivo, ou uma comunidade (*undercommons*) feita com o trabalho intelectual de mulheres pretas cuja liberdade criativa e a reunião de garotas pretas é sempre e necessariamente coletiva e voltada por uma nova ordem social. Brown gera espaços de escuta com memórias criativas para que se formem novos saberes em direção ao não sabido. Não tão distante do estilo estético e político do pensamento afrofuturista, Brown promove um desconhecido no qual viagens de *hip-hop* feminista no espaço são o lugar.

Espaço é o lugar para lances deslocados, para imaginar mundos anteriormente não vistos, entretanto conhecidos cosmicamente. Como a coletividade criativa de Sun Ra revela, misticismo é sempre estranhismo (*misfitism*). O mito é tanto lance quanto o grupo diverso olhando para as estrelas e sonhando com brilho. Como Ra expõe, "o mito pode fazer mais

---

[265] BROWN, *Hear our truths*, p. 31.
[266] BROWN, *Hear our truths*, p. 2.

pela humanidade do que qualquer coisa que sonhem ser possível"[267]. Essa é a aderência a um mito real, funcionando junto da validade da libertação de alguém, como reconhece Brown. SOLHOT escuta as conexões planetárias por meio do tempo, do espaço e da história, como Ra vibra uma mitologia "astro preta"[268], movendo-se do antigo Egito de volta ao espaço sideral.

O pulso sônico e visual do mundo-de-vida-estético de Ra trabalha, por meio e vindo da tradição preta radical, mesmo no caso de não ser terráqueo e, especialmente, quando as ondas sonoras galácticas são infinitas. Como nota Ra, o impossível é possível.

Das profundezas da memória criativa e da metodologia curiosa,

o impossível é possível.

O possível é uma possibilidade impossível...

O impossível é sempre já possível.

Expandindo os limites do pensamento sobre a história para além da cronologia, Ra não é a patologização ostensiva de algum "jargonista galáctico"[269], mas genialidade preta brilhando. Suas observações proféticas do espaço e do tempo atravessam por meio de vibrações omniversais que agora são ecoadas em achados de astrofísicos contemporâneos, físicos quânticos e teóricos. Como essas vibrações soam na prática coletiva de Sun Ra, Arkestra faz com que se pergunte o que esses padrões vibratórios dizem sobre a história, o tempo, as composições sociais planetárias, galácticas e improvisadas. O que Ra quer dizer com democracia *versus* democracia, ou

[267] RA, A joyful noise.

[268] LOCK, Graham. *Blutopia:* Visions of the future and revisions of the past in the work of Sun Ra, Duke Ellington, and Anthony Braxton. Durham: Duke University, 1999.

[269] LOCK, *Blutopia*, p. 14.

que a "história se repete de maneira que o universo nunca se repete"[270]? O que está em jogo ao se confiar que o mundo está como está devido ao "esquema dos mundos", como ele escreve no poema "homem e planeta Terra"[271]?

A maestria artística de Sun Ra e da Arkestra incorporam musicalidade como uma espaçonave, alcançado frequências de "encruzilhadas" sonicamente tecnológicas, "de onde dimensões se encontram"[272]. Como podemos escutar profundamente as formas nas quais a arte está por todo lugar? "A vibração de todas as coisas é um grau diferente de música"[273], como escreve Ra em seu poema "Infinito é a linguagem". .Como ouvir seria uma espécie de fragmentação? "Em algum outro lugar, no outro lado de lugar algum, existe outro lugar no espaço, além do que conhecemos como tempo"[274].

Das estrelas à poeira, a forças intergravitacionais e matéria escura,

existe mais magia além das dimensões que jamais veremos e saberemos.

Não existe aderência, da parte das formações sem forma, às construções tradicionais de tempo e espaço, mas a como a ressonância substitui ambas enquanto tropo organizacional para o universo. Conforme insiste o astrofísico Manos Danezis, fora de nossa percepção limitada, o universo é sem forma[275] ou, colocando de outra maneira, o *big bang* é a extensão e a expansão sempre movente da grande banda (*big band*)!

---

[270] RA, A joyful noise.

[271] RA, Man and planet earth. In: *The planet is doomed*, p. 95.

[272] LOCK, *Blutopia*, p. 74.

[273] RA, Infinity is the language. In: *The planet is doomed*, p. 73.

[274] RA, *A joyful noise*.

[275] DANEZIS, Manos; SACHINIS, George. *Antithesis*, CreteTV, 13 de maio

Galáxias sempre estão no chão, horizontes virados pairando sob nossos pés estrelados.

Viajar no tempo com outros viajantes do espaço é ler[276] e jogar deslocadamente (*misfitingly*) com a habilidade mágica da imaginação de transportar leitores e jogadores para outros mundos e constelações. Tais articulações de futuridade especulativa, como argumenta Alexis Lothian[277], não são travessias singulares, porém atravessam os limites tanto da ficção científica quanto do pensamento *queer*. A imaginação *queer*, fora das estruturas tradicionais de reprodução, sempre envolve uma futuridade, enquanto a "convergência do *queer* com a ficção científica requer que nem um nem outro sejam definidos antecipadamente"[278]. Se a futuridade já chegou, mas ainda não foi "igualmente distribuída"[279], então os futuros imaginados daqueles excluídos da futuridade laboram para sonhar possibilidades *queer* especulativamente.

Um de muitos exemplos desse sonhar *queer* especulativo é a *Broken earth trilogy* de N. K. Jemisin. Projetando-nos em mundos fantásticos que também são estranhamente familiares, a primeira parte da série, *The fifth season*, começa com as palavras: "Vamos começar com o fim do mundo, por que não?"[280]. Por meio de elaborações e correlações evocativas, incluindo as do imperialismo, trabalho forçado, policiamento racial e desastre ambiental, a história de Jemisin se dá em

---

de 2017, <https://www.youtube.com/watch?v=yzvFTPM21bs&t=196s>.

[276] LOTHIAN, Alexis. *Old futures:* speculative fiction and queer possibility. New York: New York University, 2018.

[277] LOTHIAN, *Old futures*.

[278] LOTHIAN *Old futures*, p. 17.

[279] GIBSON, William. Books of the Year, *The Economist*, 4 de dezembro de 2003.

[280] JEMISIN, N. K. *The fifth season*. London: Orbit, 2015.

um continente chamado "A quietude" que, constante e perigosamente, altera-se e deforma-se.

As três protagonistas femininas chave no romance são orogenes, conhecidas debochadamente por "roggas" (as três se tornam uma), e nasceram com "a habilidade de manipular formas de energia térmica, cinética e relacionadas, para lidar com eventos sísmicos"[281]. Bebês e crianças, quando descobertos como orogenes, são capturadas por membros de uma espécie de academia de polícia. Esses "guardiões" as entregam à capital para que sejam disciplinadas no Fulcrum, uma instalação imperial para educar "selvagens" enquanto simultaneamente os treina para usarem seus poderes, uma vez que "qualquer criança pode mover uma montanha. Só um orogene treinado no Fulcrum pode deliberadamente, especificamente, mover uma pedrinha"[282]. Ao serem treinados, os orogenes são mobilizados com o objetivo de vigiar e agir para estabilizarem os tremores sísmicos de Quietude que ameaçam constantemente a vida.

Um dia, alcançando o magma profundo da terra, um orogene rebelde quebra o planeta, explodindo o centro para se desfazer nas bordas de algo. Esse ato insurgente de destruição visava abolir o sistema governante que capitalizava o poder dos orogenes. O dom inato dos orogenes de serem capazes de agir sobre todos os elementos, costuras e forças da paisagem terrestre é descrito como "mágico". Essa magia é a habilidade dos orogenes de se conectar e manipular intrinsecamente todas as formas materiais da vida. Como não existe separação entre seus ligamentos e o mundo, sua carne é quântica.

Jemisin traz a pele quântica dos orogenes como uma lembrança da inseparabilidade sem forma de toda conectividade.

---

[281] JEMISIN, Appendix 2, Glossary: "Orogeny". In: *The fifth season*, p. 462.
[282] JEMISIN, *The fifth season*, p. 166.

Quando o orogene desobediente estilhaça o mundo, sua fratura é simultaneamente inseparável da terra e do desejo por outra ordem social. O apocalipse marca tanto o fim do mundo como faz uma revelação.

Ouça o som do *big bang* e das *big bands* de propulsões estilhaçantes.

Em profunda ressonância com Wynter, Brown, Jemisin e Sun Ra, Octavia Butler também abre explosivamente a constituição humana por meio de revisões e revelações. Os romances e contos incategorizáveis de Butler imaginam corporificações, temporalidades e cosmologias alternativas para lidar com histórias de racismo, sexismo, xenofobia, a constante ameaça do apocalipse iminente e a própria categoria de corpo humano. Seus trabalhos são contos *queer* especulativos, mudando as ciências da estrutura humana na qual a própria carne é sempre inscrita como uma forma nunca ousada.

No primeiro livro da Butler, da série *Xenogenesis*, *dawn*[283], Lilith Iyapo acorda em uma nave alienígena após uma guerra nuclear e a aniquilação do planeta Terra. Eventualmente, ela se comunica (cognitiva, comunal e sexualmente) com as espécies alienígenas Akali e Ooloi, que a salvaram de seu planeta destruído. A história de Lilith revela as maneiras pelas quais o corpo humano é biologicamente alterado no contato com os *aliens*. Isso é o que Butler quer dizer com "xenogênese", a alteração e a geração de um novo corpo humano por meio da comunicação física e cognitiva com um outro alienígena.

Os Akali dizem a Lilith que a contradição definidora da humanidade é que os humanos colocam sua inteligência a serviço de hierarquias. Para Butler, essa contradição gera o constante terror da brutalidade institucional e da ruína planetária.

---

[283] BUTLER, Octavia E. *DAWN*. New York: Grand Central Publishing, 1997.

Se "ser humano enquanto práxis", como nota Wynter, repousa no desmontar das sobrerrepresentações hierárquicas e na criação de formas nunca antes ousadas, o gênio de Bulter está na autoria de *scripts* estéticos para reconstruções inesperadas.

Butler descreve a gênese da formação sem forma na qual a relação humana com um mundo em mudança é constantemente repensada, pois, como nota o artista e crítico Kodwo Eshun, "A questão da xenogênese pode ser compreendida como uma forma de diagrama para a revisão do humano"[284]. Butler compartilha com os leitores de *Dawn* e outros romances, como a série *Parable* e *Fledgling*, as alimárias vibratórias da imaginação inventiva. Para Butler, tudo que se toca é mudança. Tudo que você muda, muda você. A única verdade remanescente é a mudança"[285]. Sua voz profética racha uma abertura no tempo e no espaço, trovejando por meio de desafios perenes encarados pelo mundo hoje. Sua história nos ensina sobre reivindicações éticas e físicas de sobrevivência no nível da carne e do sentir (teimosia, medo, desejo, prazer) em nosso presente apocalíptico.

Mostrando como "o humano ou a humanidade é um projeto revisável"[286], os poderes mágicos da intervenção de Butler revelam como classificações raciais, de gênero e corporais são ficções reprodutíveis e, logo, sempre modificáveis. A cosmologia de Butler nos informa sobre nossas questões correntes acerca da imaginação e da organização política,

---

[284] ESHUN, Kodwo. Feminism: possibilities for knowing, doing, and existing. A conversation between the Otolith Group and Annie Fletcher, *L'Internationale Online*, 24 de junho de 2018, <https://www.internationaleonline.org/research/ politics_of_life_and_death/107_feminism_pos- sibilities_for_knowing_doing_and_existing_a_conversation_between_the_ otolith_group_and_ annie_fletcher/>.

[285] BUTLER, Octavia E. *Parable of the sower*. New York: Grand Central Publishing, 1993, p. 195.

[286] ESHUN, Feminism.

operando como modelo para um ativismo basilar e estratégias emergentes para a mudança[287]. Em seu trabalho ficcional, a mudança é algo que mira nas estrelas ou viaja muito atrás no tempo, desfazendo o projeto linear de temporalidade.

No entanto, a mudança não acontece sem rupturas dolorosas sedimentadas em nosso alicerce histórico. Walter Benjamin escreve que "não há documento da civilização que não seja ao mesmo tempo documento da barbárie"[288]. E, crucialmente, "a barbárie mancha a maneira pela qual [documentos são] transmitidos de um dono para outro[289]. Ou como questiona Rammellzee, outro marcador vital de mundos-de-vida-estética, "quem nos colocou em uma corrida e por qual propósito estamos correndo?"[290]. O romance de Butler, *Kindred*[291], oferece uma resposta tanto para Benjamin quanto para Rammellzee ao contar a história de Dana, uma escritora batalhando na Califórnia de 1976, que se encontra viajando de volta no tempo e no espaço para a Maryland pré-guerra no século XIX. Quando se encontra lá, Dana precisa fazer tudo para sobreviver às condições da escravidão. Se ela não se mantiver viva no século XIX, ela não existirá na década de 1970, porque viajou por meio de seu próprio tempo genealógico para um passado ancestral. Além disso, ela precisa lutar para garantir a procriação de seus próprios ancestrais, o que levará ao seu nascimento um século mais tarde.

[287] BROWN, Adrienne Maree. *Emergent strategies*. Chico: AK, 2017.
[288] BENJAMIN, Theses on the philosophy of history. In: *Illuminations*, p. 256.
[289] BENJAMIN, Theses on the philosophy of history, p. 256.
290 RAMMELLZE *apud* BOULD, Mark, The ships landed long ago: afrofuturism and black science fiction. *Science Fiction Studies*, v. 34, n. 2, pp. 177-186, 2007.
[291] BUTLER, Octavia E. Butler. *KINDRED*. Boston: Beacon, 2004.

Presa no limbo entre seu presente e passado, que determina seu presente e futuro, Dana emerge viva em seu próprio tempo no final do romance, mas amputada. A viagem no tempo de *Kindred* revislumbra a transmissão da barbárie em histórias e arquivos oficiais, subvertendo formas corporificadas de tempo experimental. O romance de Butler rompe as limitações de formas, gênero e história realistas, comparecendo na materialidade da carne, engendrando ressonâncias familiares que são sustentadas pelo fundo mágico na formação sem forma.

Uma "renascença de um novo *corpus* de sensibilidade"[292] inventiva move os romances de Butler e Jemisin, a SOLHOT de Brown e a Arkestra de Ra, juntamente com incontáveis outros. Esses novos despertares são inseparáveis dos *insights* colhidos "de um estado de cãibra" e das inúmeras maneiras pelas quais os recintos "articulam um novo crescimento"[293]. Harris enfatiza como a barbárie do colonialismo estrutural e da escravidão necessitam de "um novo tipo de drama, romance e poema… um fenômeno criativo de primeira importância na imaginação de pessoas violadas por destinos econômicos"[294]. Ouça os sons criativos que emanam desses destinos em curso.

> Todo dia, em todo canto, escutamos a emanação e o estudo aplicado
> de novos tipos de meios em uma circulação de
> áudio-inventários de estilos infindos.

---

[292] HARRIS, Wilson. History, fable, and myth in the Caribbean and Guianas. In: *Selected essays of Wilson Harris*: the unfinished genesis of the imagination. Ed. A. J. M. Bundy. London: Routledge, 1999, p. 158.

[293] HARRIS, History, fable, and myth, p. 159.

[294] HARRIS, History, fable, and myth, pp. 158-159.

Só siga o som.

Traçando o espaço/tempo e as trajetórias entortadoras de mentes desses mundos sonoros, o filme do Coletivo Fílmico Black Audio, *The last angel of history*, sugere que esses sons particulares, ouvidos em todas as formas de música popular moderna, são inseparáveis da experiência do tráfico de escravos no Atlântico e suas consequências[295]. Essas catástrofes históricas, que o filme argumenta poderem ser compreendidas como abdução alienígena e mutação genética, são figuradas na série *Xenogenesis*, assim como na luta com o sentido de "membro fantasma"[296] em *Kindred*. Essa sensação fantasmagórica de uma parte perdida, mas ainda sentida como presente por meio da ausência ressonante, é a ausência de forma abismal da forma estética da imaginação.

    Os fechamentos do ocidente selvagem
    são sempre espaçados pelos contornos da imaginação.

Se a amorfia da forma é tanto membro fantasma quanto o ato de ser no limbo, então a magia pode ser o efeito residual da presença evanescente da ausência. Esse limiar evanescente, por exemplo, está impregnado nos trabalhos do realismo mágico, no fazer da amalgamação, uma integração entre o sobrenatural e o racional. No filme *Atlantique*[297], o mundo-de-vida-estética do diretor Mari Diop ergue os mortos para que voltem à vida no corpo dos vivos e assim consigam falar por meio deles. Os morto-vivos são os espíritos vodu

---

[295] AKOMFRAH, John, dir., *The last angel of history*, Black Audio Film Collective, 1996.

[296] HARRIS, History, fable, and myth, p. 157.

[297] DIOP, Mati Diop, dir., *Atlantique*, Ad Vitam (France)/Netflix (worldwide), 2019.

de um grupo de imigrantes afogados na costa da Espanha. Eles retornam para a costa oeste africana, buscando justiça e vingança contra a elite capitalista responsável por sua destituição e migração forçada. Diop mobiliza o realismo mágico como um método para manter o amor vivo e para lembrar e honrar aqueles levados cedo demais da realidade pela violação econômica.

Colapsando o hiper-real e o prático, o realismo mágico irrompe a violência da representação.

A catástrofe sempre "parece levar para um tipo de realismo mágico", no qual os momentos de desastre total revelam lampejos de "um tipo de brilho no outro lado do turbilhão", observa Kamau Brathwaite[298]. Em seu poema "Meridian", na coleção poética *Ancestors* e no volume duplo *MR (Magical realism)*, Brathwaite se refere aos seus arquivos de transmissões de rádio caribenhas como "transe-missões"[299]. Essas transe-missões são as ondas entrelaçadas entre transmissões de rádio, a voz poética e os sons indutores de transe das iniciações de possessão por meio de religiões afro-diaspóricas caribenhas. Todas essas transe-missões invocam o neologismo poético "ancestórias"[300] (*ancestories*).

Ancestórias e transe-missões tremulam por meio do rádio

[298] BRATHWAITE, Kamau. Poetics, revelations, and catastrophes: an interview with Kamau Brathwaite by Joyelle McSweeny, 2005, <https://www.raintaxi.com/poetics-rev-elations-and-catastrophes-an-interview-with-kam-au-brathwaite/>.

[299] COLLINS, Loretta. From the 'crossroads of space' to the (dis)koumforts of home: radio and the poet as trans- muter of the word in Kamau Brathwaite's 'meridian' and ancestors", *Anthurium: A Caribbean Studies Journal*, v. 1, n. 1, 2003, p. 12.

[300] BRATHWAITE, Kamau. *MR (Magical realism)*. Vol. 2. New York: Savacou North, 2002, p. 509.

sinais de histórias díspares ressoando através da vida cotidiana caribenha.

Ancestórias caem da *téchne* metafísica de muitos que trabalham contra a semântica brutal e discursos mutilantes. No poder do realismo mágico de transmitir novo fôlego, Brathwaite molda as palavras: "e(x)pressões (*x pressions*) (indicações) de disrupções cosmológicas literárias[301]...

E essas e(x)pressões de disrupção cosmológica vibram por meio da mitocracia de Sun Ra, da memória criativa de Brown, das quebras quânticas de Jemisin, da xenogênese e viagem temporal de Butler, do amor morto/vivo de Diop — todas as ancestórias ultrapassando os limites do evanescer nas possibilidades materiais da magia[302].

---

[301] BRATHWAITE, *MR (Magical Realism)*. Vol. 1, p. 267.

[302] Por sua disrupção poética cosmológica, cf. também Alexis Pauline Gumbs sobre cataclismas, ancestrais, especulação e magia em *M Archive: after the end of the world*. Durham: Duke University Press, 2018.

Respiração

Respirar é voltar o corpo para a capacidade de arejar, um incidente revelatório na formação sem forma no qual o respiratório é atmosférico, mutante, simbiótico, todo energia. A respiração é tanto um processo quanto um exercício de fôlego, indo e vindo, tomando forma, um acontecer comunal. Convocando uma *arquitetação* antifonal aberta ao amor, não ao cuidado democrático, a respiração é um sentimento que anima o coletivo nos momentos em que destroços políticos evoluem para um êxodo promissor. Necessariamente inspirada em uníssono, essa respiração é uma pegada ideológica, uma composição social na base (por meio da magia), que contém os contornos de toda vida, um exalar compartilhado por uma peça em movimento por partes — soldados do amor militante no selvagem Ocidente, punhos erguidos, vias aéreas abertas, ouvindo o som.

O respiracional reconhece a despossessão; invade o espectro, recusando sua própria dialética. Coreografando o bando, enxames movem-se por meio da sua própria suspensão – um movimento divisor que abriga os ramos, os resíduos, a matéria e o sentido, todos voam e evanescem.

Sentimentos do multiverso,
respirações levam a promessa.

Arejando com os mortos e o futuro em nossos atos de sobreviver ao presente, a respiração é uma peregrinação ancestral, cada partícula de ar é um *continuum* da cultura. Nessa viagem no tempo do respirar, como a respiração respira em seus segmentos temporais? Quando a respiração é tanto oferta de vida nova quanto a possível evacuação de outras? A respiração resistiria sua própria recusa?

Quando uma última partícula de ar pode ser roubada do *Outro* selvagem por um (outro) humano, as propriedades da respiração não são mais movimentos musculares involuntários, mas uma prática de combate[303]. Respirar é uma tarefa discrepante em um mundo aberto para a vida, a morte e a extraordinária possibilidade de escapar.

Estudando a eterna qualidade da passagem medianeira, Sharpe aborda como os "pós-vida" da escravidão ainda dão o clima[304]. Estar nesse tempo instável é estar a uma distância daqueles que facilmente assumem um lugar de sujeito determinado no mundo. Atravessando expressões literárias, visuais, cinemáticas e cotidianas da vida preta, Sharpe produz, metodologicamente, o que ela nomeia como a "ortografia do despertar"[305]. O "despertar" e os outros três termos que compõem a ortografia da autora — o "barco", o "firmar" e o "clima" — descarregam turbulências multidimensionais de formas, forças, estados e trajetórias elementares. Formando essa gramática, a ortografia do "despertar" atende ao termo desde já metafórico, porém sempre material.

As ondas aquíferas seguindo o trajeto de um barco, "o rastro deixado na superfície da água por um navio; a perturbação causada por um corpo nadando ou movido na água" ou "as correntes de ar por trás de um corpo em voo; uma região de fluxo perturbado"[306] – essa é a composição de Sharpe para

---

[303] FANON, Frantz. *A dying colonialism*. Trad. Haakon Chevalier. New York: Grove, 1965.

[304] SHARPE, Christina. *In the wake:* on blackness and being. Durham: Duke University, 2016.

[305] SHARPE, *In the wake*, pp. 20-21.

[306] SHARPE, *In the wake*, p. 3.

um sentido da palavra "despertar". Entretanto, como ela poderosamente nota, o sentido carrega ascendências múltiplas, pois o despertar também é uma prática de vigília dos mortos, ou de "luto, celebração e memória daqueles entre os vivos que, por meio de rituais, velam suas passagens e celebram suas vidas"[307]. Todos os sentidos do único termo "despertar" imbuem o ser da negritude no "lado errado do Atlântico", mas não só, uma vez que, como ela insiste, uma das muitas manifestações do despertar é o movimento contemporâneo de pessoas refugiadas em outro lado do mediterrâneo. Ser no despertar é, ao mesmo tempo, a história e a presença corrente da violência, da morte e da despossessão.

Não é suficiente tomar consciência, mas fazer *trabalho desperto*: "um modo de habitar *e* romper essa episteme com nosso próprio saber vivido e vidas in/imagináveis"[308]. Essa in/imaginabilidade em nome do trabalho é o que Glissant chama de "conhecer a nós mesmos como parte da multidão"[309], um ser-junto que necessita de uma fratura dos modos tradicionais de existência. Ao executar esses trabalhos performativos, Sharpe confessa estar procurando pela "forma" do mundo desperto[310]. Como ela localiza as propriedades estruturais dessa in/imaginabilidade? A forma do trabalho desperto pode ser encontrada em sua análise dos atos de respiração por meio do cotidiano, da arte e da poesia — nos próprios detalhes de como ela lê por meio de estilos estéticos. Ao defender tanto os mortos quanto aqueles que vivem como "portadores do

---

[307] SHARPE, *In the wake*, p. 11.

[308] SHARPE, *In the wake*, p. 18.

[309] GLISSANT, Édouard. *Poetics of relation*. Trad. Betsy Wing. Ann Arbor: University of Michigan, 1997, p. 9.

[310] SHARPE, *In the wake*.

terror"[311], usando formas de trabalho desperto, Sharpe abre questões sobre os excessos do "despertar" determinante da modernidade na quebra, e como a vida, a arte e o pensamento fogem do clima total de normatividade antinegritude.

Essa respiração na escrita, como trabalho desperto, não é nada menos do que o imperativo da responsabilidade frente ao indizível, ou a necessidade de ficções teóricas críticas como práticas, como uma "política teórica"[312], como insiste Nahum Dimitri Chandler. Chandler recoloca a questão posta por W. E. B. Du Bois – "Como ser um problema é sentido?"[313] – ao voltar-se para como ser um problema no despertar, na respiração coletiva, é ser um problema considerado pela própria teoria e pelo pensamento.

Elaborando a afirmação presciente de Du Bois em 1903, de que "o problema do século XX é o problema da fronteira da cor (*color-line*)"[314], Chandler oferece o termo "paraontologia", de modo que esse problema evolui para um lugar de possibilidades "que podem adereçar nosso eixo colonial e pós-colonial comum em uma combinação mundial de horizontes"[315].

Chandler considera como o pensamento paraontológico permite uma quebra das distinções ontológicas que determinam hierarquias e orientações humanas. Rompendo categorias fixas, a paraontologia se preocupa menos com o que é dado e

---

[311] SHARPE, *In the wake*, p. 15.

[312] Public Lecture by Nahum Dimitri Chandler, Department of Social and Cultural Analysis, New York University, New York, NY, 17 de outubro de 2017, <https://as.nyu.edu/ departments/sca/events/spring-2017/public--lecture-by-na- hum-dimitri-chandler.html>.

[313] Public Lecture by Nahum Dimitri Chandler.

[314] DU BOIS, W. E. B. The forethought. In: *The souls of black folk: essays and sketches*. Chicago: A.G. McClurg, 1903.

[315] "Public Lecture by Nahum Dimitri Chandler".

mais com o que ainda está para se dar, o que está ainda por vir em uma combinação mundial de horizontes. A derrubada incessante dos padrões de pensamento histórico sedimentados abrem a chance para um futuro diferente do presente. Para Chandler, a negritude é um *status* paraontológico que escapa das constâncias históricas da ontologia racial e, em sua furtividade, destrói identidades raciais fixas, afirmando existências múltiplas. Chandler lê a paraontologia em excesso com referência aos enquadramentos oposicionais da identidade/anti-identidade, como um "vórtice" construído em "voltas rítmicas"[316]. A formação sem forma da paraontologia como "a possibilidade geral de outro modo"[317] escapa de sua própria terminologia para resistir à comodificação do termo; ao fazê-lo, o pensamento corrente é cortado de margens fixas.

O ar antes e no despertar é uma respiração paraontológica. Ao pensar com as palavras anteriores de Sharpe e agora com a invocação do "outro modo" de Chandler, aspiramos por meio do tratado filosófico de Ashon Crawley sobre a política e estética do respirar[318]. Para esse autor, os menores respiros das arenas e interstícios dos gritos, vaias, glossolalias, barulhos, as inalações profundas do pentecostalismo negro. Voltando-se para como essas expressões vocais contribuem e revelam as práticas necessárias do fazer-pensar, Crawley embaralha o núcleo da epistemologia e da ontologia para produzir uma nova metodologia que examine culturas sob constante ataque. Por meio de formas diversas de sociabilidade estética que excedem os confins do pensamento, do discurso e das regras

[316] CHANDLER, Nahum Dimitri. Of exorbitance: the problem of the negro as a problem for thought. *Criticism*, v. 50, n. 3, 2008, p. 347.

[317] CHANDLER, Of exorbitance, p. 351.

[318] CRAWLEY, Ashon T. *Black pentecostal breath:* the aesthetics of possibility. Bronx: Fordham University Press, 2016.

modernas de comunicabilidade, Crawley encontra sentido político e espiritual nas menores unidades de significação. E, em tudo, há uma certa urgência no seu reacesso da existência preta em seu chamado por "outros modos de mundos possíveis"[319], ou modos de existência que sacodem e decompõem a violência opressiva contra a vida minoritária.

De sons elétricos aos murmúrios e gritos em coro, o paraontológico sônico evoca seu despertar nas lacunas entre contexto e implicação, em todas essas possibilidades performativas que se insurgem e operam contra a subjugação racial e a marginalização social.

Romper em fôlego sonoro ressonante é mergulhar no reino da paralinguística (o emaranhar de sons, gestos, tons, ritmos, texturas, sensações) e em como o estudo da paralinguagem e da paraontologia desfaz leituras normativas que definem o "para" como somente auxiliar ou derivado da norma. A inexorável materialidade da paralinguagem, sentida como um formação sem forma em balanço nas suas pré-condições para a linguagem, interrompe aproximações padronizadas de discurso. Reconhecer a capacidade de fôlego, batida e pancada sônicas da paralinguagem significa perturbar padrões sociais representacionais que geram subjetificação racional.

Sons respirados fazem as palavras diferentes umas das outras; sentidos construídos do *nonsense*. No "falar em línguas", a paralinguagem fratura poderes estruturais que determinam a soberania, afirmando improvisos não excludentes de respiração coletiva. Essas dissonâncias expressivas, como a glossolalia, por exemplo, interrompem as forças hegemônicas, objetificando a vida marginal por meio de iniciativas de comunicação. A paralinguagem paraontológica, então, abre

---

[319] CRAWLEY, *Black pentecostal breath*.

espaço ao ressoar a despossessão radical por meio da própria recusa de reinstaurar o Estado.

A negação dessas normas acumulativas é nossa formação sem forma, na qual a linguagem eclipsa seu próprio desejo, verificado nos detalhes do som, da fala e da palavra escrita.

Escrever de forma respectiva e deliberada é também, para nós, uma forma de respirar no despertar, ou uma forma de trabalho desperto, corporificando novas afiliações rizomáticas, assembleares e galácticas entre todas as entidades. A respiração pausada por meio dessas páginas é um "outro mundo de possibilidades"[320], no qual a escrita não determina o som ou a partitura.

A sintaxe é eufônica, melódica e sempre relacional, todas as sílabas temperadas pela cadência, pelo fluxo de um contratempo em respiro, pelo outro. Em concerto com o sinfônico e seu dissenso, essas vinhetas são um duo-ascendente, não uma quirografia solo. Apesar da estrutura, a voz singular é insubordinada por uma orquestração que pulsa em simultaneidade.

Um *respírito*, nosso manuscrito enuncia no inalar e reitera, por meio do exalar, uma aspiração que escuta os altos engasgos dados nesse fim do mundo, uma visão alongada coletivamente moldada, não em perfeito uníssono, porém em consonância, não em harmonia fechada, mas ao longo da tensão. Por exemplo, escrevemos nos manuscritos uns dos outros ao nível da frase, um "influir-e-refluir" (*influx-and--efflux*) para escrever a respiração sem sacrificar a convicção.

O som do dizer, a rima contra a prosa e a música na pausa do lamento ressoam em nossa escrita. O resultado é uma sintonia, um discurso, uma conversação, um número audível

---

[320] CRAWLEY, *Black pentecostal breath*.

para o quorum, mesmo quando a negação de nosso silêncio rosnante é ainda nossa música.

Escrever, para Jane Bennet, é um processo de "influir-e-refluir", uma respiração de e para, que invoca a "tendência ubíqua por saídas a vir, enlamear as águas e sair"[321]. Uma expressão tirada de *Song of myself*[322], de Whitman, "fluir-e-refluir" diz respeito aos movimentos cotidianos que permitem forças de fora ocuparem corpos, animar e sacudir suas composições singulares, para então partir assim que tal confusão vigorante é imposta. Toda entidade, nesse processo, é intimamente reconstruída e constituída em algo outro.

O influir-e-refluir marca como o movimento da escrita oscila entre extremidades porosas e interioridades radiantes. Ambas trocas recalibram o *self*, o leitor, as propriedades e os sujeitos das citações, e a dinâmica do texto impulsiona acontecimentos por meio de padrões linguísticos, uma vez que, para Bennett, o conjugador "e" é essencial e expõe como a mudança faz pontes e chameja por entre os detalhes da escrita.

Isso é para escrever que influir-e-refluir é o constante fazer
e desfazer da adição, ou as entradas e saídas mágicas
em enxame por meio da escrita.

A evocação de Bennett do influir-e-refluir refere-se a como escritores "pegam o *momentum* de influências externas"[323]. Esses *momentums* carregam as palavras escritas como matéria vibrante, pois a vibração da escrita está inextricavelmente ligada a uma pluralidade de ressonâncias ou

---

[321] BENNETT, Jane. *Influx & efflux*, p. x.
[322] WHITMAN, Walt. *Song of myself, and other poems*. Berkeley: Counterpoint, 2010.
[323] BENNETT, *Influx & efflux*, xxii.

influires-e-refluires que marcam a experiência do ser simultaneamente dentro e fora da cena da escrita. Por esse processo de "escritura", induz-se "um gaguejar, um travamento, um atraso antes de um *encontro* vibratório tornar-se traduzido"[324]. O influir-e-refluir da escrita é "um mar respirando a si mesmo, para dentro e para fora, como ondas"[325].

Como uma alternativa arranjada pela reinvenção sintática, ou o influir-e-refluir de palavras por meio de sentenças. É um chamado e resposta acenados por impulsos ideológicos, determinações políticas e o som social que viajam entre forças vitais díspares. Na escrita, as pontes, as passagens subterrâneas, as trilhas e os traços efêmeros desse mundo da vida encorajam as conexões entre estilos estéticos. Por meio de uma prática improvisacional dentro das coações[326], inspirada pelo chamado a conspirar (respirar) juntos, escrever é sobre quem nós lemos, mas também sobre quem nós citamos, com quem nos engajamos e a quem recusamos convocar.

Alice Coltrane diz que não existem coincidências, somente incidentes[327]. Isso também precisa incluir a respiração intermitente da escrita, pois a ocorrência da ressonância é outra forma de compreender a alquimia da sincronicidade em todos os dias. Por exemplo, imaginemos um sonho que ganhe vida,

[324] BENNETT, *Influx & efflux*, x.
[325] BENNETT, *Influx & efflux*, x.
[326] GOLDMAN, Danielle. *I want to be ready*: improvised dance as a practice of freedom. Ann Arbor: University of Michigan Press, 2010.
[327] Cita Michelle Coltrane (*Alice Coltrane Turiyasangitananda*), "No começo dos anos 80, minha mãe Alice Coltrane Turiyasangitananda, comprou terras nas montanhas de Santa Monica onde ela construiu um *ashram* com as indicações do Senhor. Ela criou um lugar para a prática espiritual..." Facebook, 17 de novembro de 2018, <https://www.https://facebook.com/AliceColtraneOfficial/posts/in-the-ear-ly-80s-my-mother-alice-coltrane-turiyasangitanan-da-purchased-land-in-t/932128446970508/>.

ou o rosto que alguém pensa após muitos anos e então encontra encarnado, como se sabia? Ou a palavra que um pensa e ao mesmo tempo outro diz. Isso não seria a dádiva da magia, por meio do ar que rompe contra o abatimento?

Ressonância, especialmente na escrita, é sobre um sentimento pré-existente

já coletivamente sentido antes de ser nomeado.

É impossível forçar a ressonância e, mesmo assim, o reconhecimento de suas ocorrências evanescentes permite o colapso de considerações que fazem confinar espaço e tempo ao reverberar portais. Os desvios da ressonância impregnam formações sem forma que tornam coletivos os sons não nomeados que estão sempre vindo.

Prosperando tanto o antes quanto o depois dos preceitos da existência, todas as formas de vida aprendem a florir no presente, sabendo de uma presença incognoscível. Embora aterrorizante e solitário, o incognoscível que a escrita deixa aberto é um tipo curioso de cuidado, amor social, uma experimentação criativa para amigos espalhados no mundo. Tal fluxo de amizades interessadas é o encontro de uma incansável curiosidade de um para outro, pois, alterando como escrever-com, nós inevitavelmente alteramos nossa interioridade.

Ao adentrarmos, olhamos para fora. Ao olharmos para frente, nós coletamos o passado. Em todos os objetivos externos, trabalhamos a escuta internamente e eternamente.

Essa é a práxis da escrita, da amizade, de uma formação sem forma selecionada a partir das fendas do profundo sentir e ouvir. Fred Moten compreende a categoria do incognoscível como "a zona do não ser [como] experimental" ou "um tipo de experimento, essa dupla faceta do experimento, esse teatro do provável e do improvável no qual a sociabilidade da amizade transborda sua regulação política"[328]. A socialidade da amizade é uma formação sem forma que transborda para dentro e para fora, um tipo de vivência transformativa em comunhão. Se o amor, em sua essência, é a solidariedade, então a "esperança é tanto um verbo quanto uma virtude"[329]. Então, a única forma de sobreviver e refazer a terra é por meio de uma comunhão anticapitalista formada no cuidado, na vulnerabilidade e na compaixão ética. De regiões a cidades e de corpos ao pó, novas e mágicas ordens sociais coreografam formações sem forma. Gritar em um levante é "conhecer a nós como parte e multidão"[330], firmado na tensão entre o indizível e o imperativo de falar dos soldados do amor caídos, falar em seus nomes.

A libertação não poder ser atualizada pela reforma da ordem social, em "uma nova lei ou corpo social constituinte"[331], construído de estruturas prévias; ela precisa ser "mensurada pela nossa capacidade de destituir os mecanismos governamentais e econômicos do trabalho e da captura mais abrangente da vida"[332]. Mais do que um exercício de derrubada do poder e de reconstrução de ramos fraturados e falhos, a última abolição da formação sem forma se faz possível pelo espírito respirante da comunhão e da solidariedade.

[328] MONTEN, Fred. Blackness and nothingness (mysticism in the flesh). *The South Atlantic Quarterly*, v. 112, n. 4, 2013, p. 768.

[329] SAMUEL, Sigal Why Cornel West is hopeful (but not optimistic). *Future Perfect, Vox*, 29 de julho de 2020, <https://www.vox.com/future-perfect/2020/7/29/21340730/cornel-west-coronavirus-racism-way-through-podcast>.

[330] GLISSANT, Poetics of relation, p. 9.

[331] AARONS, K. No selves to abolish: afropessimism, anti-Politics, and the end of the world. *Mute Magazine*, 29 de fevereiro de 2016, <https://www.metamute.org/editorial/ articles/no-selves-to-abolish-afropessimism-anti-politics- and-end-world>.

[332] AARONS, No selves to abolish.

A negação afirmativa da abolição inclui a dissolução das relações capitalistas assim como do *self* formado por meio dessas relações. Essa "negatividade ativada"[333] correndo por meio da autoabolição é necessária para formações sem forma. Fortemente fundada em contextos materiais, suas diferenças são sobrepostas. Formações sem forma não são abstrações, por ser precisamente a materialidade dos mundos-de-vida-estéticos que oferecem fórmulas determinadas por correspondências por meio de respirações singulares e coletivas. Ao retornar Bataille aqui, nós lembramos que a ausência de forma rebaixa a forma por meio de uma operação de abolição como veículo para a criatividade na base.

Assim, a solidariedade é criada juntando formas e então as deformando, deixando todas as instituições (*como as conhecemos*) em pó, pois essas cinzas indicam a evolução do trabalho desperto, de uma possibilidade outra, fugaz e permanente, na qual enlutar o fim *deste* mundo é encontrar o lugar e a luz de seu novo começo.

Punhos erguidos. Esperem pelo som.

Respiração quebrada nestas páginas,
pois a formação sem forma aberta é
o ranger de sílaba sobre sílaba,
os influxos e refluxos de
sentenças sonoras lidas e
escritas em conjunto.

Escute os cortes.
Refaça a escrita.

---

[333] Activated negativity: an interview with Marina Vishmidt, com Mira Mattar e Julia Calver, *Makhzin*, n. 2: Feminisms, 1 de abril de 2016, <http://www.makhzin.org/issues/ feminisms/activated-negativity>.

Sandra Ruiz é professora Associada de Estudos da Performance no Departamento de Teatro e Inglês da University of Illinois Urbana-Champaign. Autora de *Ricanness: Enduring Time in Anticolonial Performance* e coeditora da série de livros *Minoritarian Aesthetics*. Ruiz também é a fundadora da La Estación Gallery e co-fundadora do Brown Theatre Collective.

Hypatia Vourloumis é uma teórica da performance que trabalha com escrita experimental, anticolonial, feminista, teoria racial crítica e estudos queer, música, poética, filosofias da linguagem, estudos sonoros e cultura popular. Ela recebeu seu Ph.D em estudos da performance na Universidade de Nova York, realizou pesquisa de pós-doutorado no Interweaving Performance Cultures Research Center na Free University em Berlim (2012-14) e foi bolsista em 2016 no Research Center for the Humanities em Atenas, atualmente leciona no Dutch Art Institute. É co-editora da revista Performance Research On Institutions e publicou em revistas, catálogos de arte e volumes editados, incluindo *Women & Performance*, *Ephemera* e *Theatre Journal*.

© sobinfluencia para a presente edição

COORDENAÇÃO EDITORIAL
Fabiana Vieira Gibim, Rodrigo Corrêa e Alex Peguinelli

TRADUÇÃO
Rodrigo Gonsalves e Cian Barboa

PREPARAÇÃO
Alex Peguinelli e Fabiana Vieira Gibim

REVISÃO
Andityas Matos e Waneuza Soares Eulálio

PROJETO GRÁFICO
Rodrigo Corrêa

Dados Internacionais de Catalogação na Publicação (CIP)
de acordo com ISBD

R934f Ruiz, Sandra
    Formação sem forma: caminhos para o fim deste mundo / Sandra Ruiz, Hypatia Vourloumis ; traduzido por Rodrigo Gonçalves, Cian Barbosa. - São Paulo : sobinfluencia edições, 2023.
160 p. : 13cm x 21cm.

Inclui bibliografia.
ISBN: 978-65-84744-23-3

1. Filosofia. 2. Estética. 3. Política. 4. Performance. 5. Pós-estruturalismo. I. Vourloumis, Hypatia. II. Gonçalves, Rodrigo. III. Barbosa, Cian. IV. Título.

2023-1553   CDD 100
                                                                         CDU 1

Elaborado por Vagner Rodolfo da Silva - CRB-8/9410

Índice para catálogo sistemático:
1. Filosofia 100
2. Filosofia 1

---

sobinfluencia.com

Este livro é composto pelas fontes minion pro e neue
haas grotesk display pro e foi impresso pela Graphium
no papel lux cream 70g, com uma tiragem
de 500 exemplares